世界一やさしい読書習慣定着メソッド

印南敦史
Innami Atsushi

大和書房

はじめに
もっと快適に読書を楽しみたいと思っている人へ

読書は「誰にでも身につく」

「本を読むのが苦手だ」

そんな意見を耳にすることがよくあります。

いや実際のところ、そういう悩みを聞く機会は、ビックリするくらい多いのです。

「速く読めないなんてことで悩んでいるのは、自分くらいのものなのだろうな。みんな、サクサク読めてるんだろうな」

そう信じて疑わなかった時期が、僕にもあります。しかし、いろいろな人に聞いてみると、それは僕だけではなく、非常に多くの人たちに共通する悩みでもあったのです。

考えてみれば驚くほどのことではなく、だからこそ「速読術」のたぐいが次から次へと登場するのですね。

たしかに「読書が苦手だ」という思いは、ものすごくシンプルだけれども、なかなか答えが出ない問題なのでしょう。なぜって、読書には、どこか難しそうなイメージがあるからです。

ましてやそこに速読的なものが絡んでしまうと、読書はなにか特別な才能を持った人だけに許された行為であるかのように思えてしまっても無理はないのかもしれません。ちょっと大げさないいかたですけれど、多少なりともそういう感覚はあるのではないでしょうか？

でも、ひとつだけいえることがあります。

「本を読むのが苦手だ」というのは、詰まるところ思い込みでしかないということです。

そしてもうひとつ、ある指摘をしたいという思いも個人的にはあります。

たとえ本を読むのが苦手だといっても、それは現時点で**プロセス（過程）が苦手だというだけ**であり、「本が苦手」だということとは根本的に違う話なのです。

でもコンプレックスのようなものが先に立ってしまうからこそ、必然的に「苦手だ」という部分だけが強調されてしまい、「自分は読書に向いていない」というような考え方につながっていってしまう。ただそれだけのことなのです。

もちろん人それぞれですから、なかには「もともと本が嫌いだ」という人がいたとしても、それはおかしいことではありません。でも、さすがにそこまで極端な人は少数派でしょうし、実際のところ、そういう人はこの本を手に取ることもないでしょう。

でも、いまこの文章をお読みになっている以上は、決してそうではないはずです。**できればサクサク読めるようになって、快適な読書生活を送りたい**と思っているのではないでしょうか？

そこまで到達できなかったとしても、せめて「読めないハードル」をなんとかクリアしたいという程度の思いはあるはず。あったとしても、まったくおかしいことではなく、むしろ自然なことです。

でも、現実的にそれが難しいから、「きっと自分には向いていないんだろうな」というような勘違いが肥大化してしまい、結果として「苦手だ」と悩むことになってしまうのです。そして、読書に対して必要以上に消極的になってしまうというわけです。

逆にいえば、それだけの話。

だとすれば、すべきことは簡単です。

「なんとかすれば」いいのです。

消極的読書から脱出しよう

そこで、このように読書のことで少なからず悩んでいる人のことを、ここではまず「**消極的読者**」と位置づけたいと思います。

「本は読みたい。できれば継続的な読書習慣もつけたい。でも、いざとなると気乗りしなくなるし、どこからはじめたらいいのかもわからない……」

そんなタイプ。別ないいかたをするなら、「決して読書そのものを否定しているわけではないけれども、現実問題として、そこから先へ進めなくて困っている」という状態にいる方々だということ。

つまりは「ポジティブではないけれど、ネガティブでもない」という曖昧な場所にいるはずなのです。

ただし(当然ですが)、消極的読者を否定的にとらえたいわけではありません。むしろ逆です。大切なポイントがここにあります。

いま消極的読者であるということは、「**これから積極的読者になれる**」ということ。

読書に限らず、なんについても同じことがいえるかもしれませんが、つまり「できない」とは、「できるようになる可能性を持っている」ということだと僕は考えているのです。

そう考えれば、消極的読者が決してネガティブな立場ではないということがおわかりになるのではないでしょうか?

そう、なんらかの手段を踏めば、きっと読めるようになるのです。そのことをお伝えするために、本書もあるわけです。

では、どうすれば読めるようになるのでしょうか？

このことについてはこの先でも触れることになりますが、大切なポイントは**受け入れること**です。

「読めないからだめなんだ」と自分を追い込むのではなく、「そういうものなんだから仕方ないじゃん」という感じで飄々《ひょうひょう》と受け入れてしまえば、気持ちが楽になるという考え方です。そして、「では、この先どうしようか？」と無理なく考えることができるようになるわけです。

書評家の読書事情

２０１６年２月に、『遅読家のための読書術』（ダイヤモンド社）という本を上梓しました。タイトルからも想像がつくかもしれませんが、簡単にいえば「本を読むのが遅い」と悩んでいる人たちへ向けた「読書指南書」です。

指南書だなんていうと、なんだかすごく偉そうに聞こえます。だから、そんな本の著者である僕は、「すごく速く読める人」だと思われるかもしれません。

もちろん、作家／書評家という仕事柄、毎日毎日読み続けてはいます。ですから数年前とくらべれば、読み方の要領は多少なりともよくなっているはずです。それに伴って、速度も上がっているのでしょう。

しかし、だからといって僕自身は、自分の読書ペースや精度が上がり続けているとはまったく自覚していないのです。

それどころか、以前より進歩しているんだろうなという〝漠然とした自覚〟こそあるものの、やはりそれは漠然としたものでしかなく、「自分の読書はまだまだだ」「自分の読書に満足できない」というような思いもいまだに強いのです。

矛盾しているようですが、「おそらく、そんなものなのだろう」と感じてもいます。読書スタイルが完成の域に達するなどということは、きっとないのだろうとも思いますし。

ですから、とてもじゃないけれど「読書道を極めた」なんて考えられません。そんなこと、恥ずかしくて口に出せません。

でも、決して否定的な意味ではなく、結局のところ、読書とはそういうものであるはずなのです。多かれ少なかれ、誰だってそう感じるものだというべきでしょうか。だから、みんな悩むのです。明日は今日よりも、少しでも進歩したいものだと願うのです。

きっと、そんなもの。だからこそ、「そんなものだ」ということも受け入れてしまえばいいのです。

ですから、そこを出発点にしてみましょう。

カンペキな読書を目指す必要はない

どうしても僕たちは、読書を「勉強の一種」「難しい行為」としてとらえてしまいがちです。

そしてその結果、「**読み逃しがあってはいけない**」「**すべてを理解できなければ意味がない**」というように、まるで修行かなにかのように難しく考えてしまいがちなのです。

もちろん、読書をすれば確実に、自分のなかのなにかが（よい方向に）変化します。それは間違いありません。しかし、それは決して「**絶対的ななにか**」**である必要はない**のです。

たとえば、心理学の本を読んだとしましょう。内容のすべてを事細かに記憶できなかったとしても、その先、人と接するなかで「こういえばケンカを避けられるんだったな」と思い起こしたり、相手を尊重するきっかけになったりするのであれば、間違いなく意味のある経験になっているのです。

たしかに、ものすごい記憶力と理解力の持ち主が世の中にいることも事実です。僕たちはそういう人を見ると、つい「すごいなあ。それにくらべて自分は……」と悲観的に考えてしまいがちです。

でも、このことについては、決して忘れてはならないことがあります。なにかといえば、そういう「**すごい読書**」**を実践できる人は、基本的に稀有な存在**だということです。

彼らは、その能力の高さからクローズアップされがちですが、それが基準だということでは決してないはず。絶対的多数の人は「覚えきれなかったり、理解できない部分があったり」して当然だということです。

つまり、それが普通なのです。

「**普通でなにが悪い？**」

まずは、そのくらい開きなおるべきかもしれません。

読書に関するストレスの原因とは「**その程度のもの**」なのですから。

にもかかわらず多くの人がここで悩み、立ち止まっているわけです。

でも、実は決して特別なことではないからこそ、「ちょっと気持ちを変えて、楽に本と向き合おうよ」ということを僕は提案したいのです。
そうでないと、もったいないないじゃないですか。

「自分の読書」を見つける旅に出よう

前著はどちらかといえば、「本を読むのは好きだけど、読書スピードが遅い、記憶できない」というような悩みを抱えた方を対象としていました。

今回は、先ほども述べたように、もう少し本との距離が離れた人のために書いたものだといえます。つまり、先に触れた「やや消極的な読者」です。

- 読みたくても、なかなか読めない
- なにを読んだらいいのかわからない
- 読みはじめたのに、長続きしない
- どうも集中できない
- 読んだ端から忘れてしまう
- 読むのが遅い

・そんな自分が嫌になる
・だから読書が嫌になる

まずは、このような「マイナス要素を含んだ消極的読書」をやめてみましょう。そして代わりに、**自分にとって心地よい読書スタイル**を身につけていくことを目指しましょう。意識するかしないかにかかわらず、それは結果的に前向きで、価値のある読書スタイルになっていくはずだからです。

とってもシンプルな考え方です。

いまから歩き始めようとしていると考えてみてください。ところが目の前に、いくつか石が転がっています。だから、なかなか前に進めません。つまり、その石が「マイナス要素」です。

たしかに、石があるとそれだけで「進めないや」と思ってしまいがちです。ところがよく見てみれば、その石はさほど重たそうでもないのです。決して持てない重さではなく、無理せずよけることはできそうです。

そこで最初に、それらの石を端のほうに移動させ、**歩くための道をつくればいい**のです。

そうしてから進んでいくと、やがて分かれ道にたどり着きます。そのとき、自分自身の感覚で「この道が好きだな」「この道なら、心地よく進めそうだな」と感じる道を選び、また進んでいけばいい。

つまりはそれが、「**身につく読書**」の本質です。

読書に関しては、とかく外野からの意見にまどわされがちです。でも、忘れないでください。

その読書は誰のものでもなく、自分自身のためのものです。自分自身のためだと感じることができる読書スタイルを探し出すことができれば、その読書はきっと身につくはずです。

世界一やさしい読書習慣定着メソッド——目次

はじめに

もっと快適に読書を楽しみたいと思っている人へ……001

1章 本との関係をカイゼンしよう

2章

「読みたくなる」読書術

3章 「読書のカベ」をこわすための提案

4章

自分にとっての「よい読書」を手に入れよう

本との関係をカイゼンしよう

1章

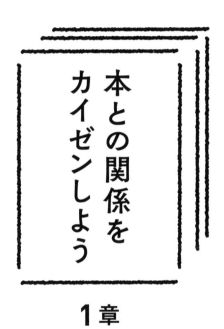

読書の「カイゼン」に必要なこと

自分の読書スタイルを見つける

本の読み方について語るだなんて、本来であればナンセンスな話です。なにしろ「はじめに」でも触れたとおり、スタイルは人ぞれぞれ。読書法を解説した書籍はよく見ますが、本来なら「こうでなくてはいけない」というような絶対的な読書法なんて、あるわけがないのですから。

ただし、そうはいっても（矛盾していると思われるかもしれませんが）、消極的な読書を脱却するためには、少なからず読み方を意識する必要がありそうです。

いや、「読み方を意識する」というよりは、「**自分に合った読み方を見つける**」と表現したほうがいいかもしれません。

まず、シンプルに考えてみましょう。

現時点で思うように読書が進められていないのだとすれば、それは「自分に合った読み方を見つけられていない状態にある」ということです。

だとしたら、「読みづらい」「読む気がしない」「読んでも進まない」「覚えられない」「読書習慣が身につかない」など、さまざまな壁にぶち当たってしまったとしてもそれは当然です。なぜって、道筋がわからなければ、前に進むことはできないのですから。

そこで必要になってくるのは、自身の読書状況の「**カイゼン**」です。

「カイゼン」とは、もちろん「改善」のこと。トヨタの作業環境のなかから誕生したものですが、現場を中心として、作業のムダや矛盾をよりよく見なおしていこうという発想です。ビジネスの世界でおなじみのこの考え方は、個人の生活においても応用できるのではないかと思います。

そしてもちろん、読書についても同じ。

自分の読書について思い悩む人は、結局のところ「読書の常識」に振り回されているだけのことです。しかもその常識は、誰がつくったのか誰も知らないような性格のもの。

まず意識すべきは、「自分に合った読み方（自分の読書スタイル）とはどのようなものか」ということです。

「フリー・スクロール」で読む目的をつかむ

もっと本を読めるようになりたい、読書習慣をつけたいと思う理由はさまざまです。「なんとなく、漠然と……」であっても、その奥底には人それぞれに、読書に求めているものがあるはずなのです。

そこで、まず自分と向き合ってみるためにお勧めしたいのが、「**フリー・スクロール**」というステップです。

「スクロール（scrawl）」とは、**書きなぐる**という意味。つまりA4のコピー用紙などに、「自分にとっての読書の具体的な価値」を思いつくままに殴り書きしていくという方法です。

大切なのは、「**思いつくままに**」という部分。早い話があまり深く考えず、パッと頭に浮かんだことを次々と書いていくだけでいいということです。

たとえば、「他人の考えに触れる」「知らない分野について知る」「ひとりの時間」「現実逃避」「好きな作家や芸能人の頭のなかを覗く」……などなど。

もちろん、「こうでなくてはいけない」というような決まりごとは一切ありません。自分と向き合うこと、自分にとって大切なことを見つけ出すことが目的なのですから、一般的な感覚からするとナンセンスであったとしても、なんの問題もなし。できることなら、スペースがいっぱいになるまで殴り書きしてみることをお勧めします。

そうすることによって、自分の本音と向き合うわけです。

そして、「もう思い浮かばない」というところまで搾り出すことができたら、その見開きページを改めて眺め、そのなかから「**特に大切な5つ**」を青ペンで囲んでみましょう。ひととおり吐き出したうえで、目の前に現れた思いをさらにブラッシュアップするということです。

それだけでも、自分が求めるものの輪郭がかなりはっきりしてくると思いますが、まだまだ終わりではありません。

次に、「**特に大切な3つ**」を赤ペンで囲んでみてください。そうすれば、自分の思いの核心に近い部分があらわになるはずです。

ちなみに、最終的に1つまで絞り込むという手もありますが、3つになった段階で、おそらく最後の1つがどれかということも判断できていると思います。

さて、そうやって選ばれたものこそが、「**自分が読書に求めているもの**」です。

そして、「それを実現するためにはどうすべきか」を考えれば、最適な読書スタイル、読書ペースなどがおのずと見えてくるということです。

なお、読書に対する思い、本との向き合い方などは、読書経験が深まっていくとともに変化していきます。

そんなときは、また「フリー・スクロール」によって〝そのとき〟の思いを引き出してみればいいのです。そうすればきっと、新たな本との向き合い方を見つけ出すことができるはずです。

2つの〝must〟から自由になる

さて、読書状況を「カイゼン」するためには、振り返っておくべきことがあります。

それは、僕たちがこれまで生きてきた過程のどこかで、読書についての「**無駄なmust**」（こうしなければならないという決まりごと）を刷り込まれてしまっているという事実。

そして、本来ならば読書を促すためにあったはずのそれらに、**読書意欲を減退させているる**という側面もあるということです。

だからこそ、まずは次の2つのナンセンスを、頭のなかから排除してください。

1　熟読し、書かれていることのすべてを頭に叩き込まなくてはならない

2　時間を効率的に使うため、速読しなければならない

どうでもいいように思えて、これは、とても大切なことです。

おそらくは、あまり意味のないそういう決まりごとが、「読みたい」という純粋な気持ちを覆い隠してしまっているからです。

だから無駄は積極的に省くべきで、そうしたうえで「自分らしい」読書スタイルを見つけ、それを身につけることが大切なのです。

なぜ「読書が身につかない」のか？

なにを「カイゼン」すればいいのか

35ページのリストのなかで、自分に当てはまるものにチェックを入れてみてください。

読書に関する自分の本音をつきとめること、そして、いまの読書の問題点を把握することが目的です。

大げさにいってしまえば、チェックが入った項目がすべて、自分の「読書コンプレックス」の原因です。

これらをひとつずつ克服していけば、快適な読書生活に近づいていけるということ。

読書に限らずなんにしてもそうですが、できないということはできるようになる可能性があるということです。現状、たくさんチェックが入った「満足できない状態」であったとしても、まったく問題ありません。

いまの状況を受け入れ、ここを出発点とすれば、読書の未来は拓けていくのです。

義務感が〝本が苦手〟と思い込ませる

さて、ここで改めて考えなおしてみるべきではないでしょうか？

なんのことかって、そもそも多くの人が本当に〝本が苦手〟なのかという問題。僕はここが、どうしても引っかかってしまうのです。

本が苦手だという人のなかには、文字を読み続けるという作業そのものが苦手なのだという人もいるかもしれません。

「現代人の活字離れ」というようなフレーズも飽きるほど目にします。

でも、本当に現代人は「読まない」のでしょうか？

【読書に関する本音リスト】

- □ どんな本を読みたいのかわからない
- □ そもそも、本の選び方がわからない
- □ 買った時点で満足し、ページを開かないことがある
- □ 読もうと思っても、ついテレビやネットを見てしまう
- □ 読むスピードが遅い
- □ 同じ行、同じページを何度も読み返してしまう
- □ 書いてあることが、なかなか頭に入らない
- □ 覚えられないので、だんだん嫌気がさしてくる
- □ すぐに飽きてしまう
- □ 読書習慣が長続きしない
- □ 仕事のために本を読むとき、プレッシャーを感じる
- □ 読書がうまくいかないと、心が折れそうになる
- □ 自分は読書に向いていない人間なのかもしれない
- □ 本が嫌いになりそうだ

僕は、そうではないと感じています。たしかに、紙の本を読む機会は昔にくらべれば減っているでしょう。でも、「読む」手段は必ずしもそれだけではないはずです。そもそも、本に限定することなく「読む」という行為に特化した場合、むしろ現代人は「読んでいる」はずです。

なぜならスマホでニュースやブログなどをチェックすることも、「読む」ことにほかならないからです。

むしろ、**スマホを見ている人にはチャンスがある**と考えるべきです。目で追っているのは文字なのですから。

つまり、そういう人も実は「読める人」、いいかえれば**潜在的読者**なのです。

つまり実際には本が苦手なわけではなく、いくつかの要因によって「**読書への道**」**を阻まれているだけ**の話。

それは、先ほどの「無駄なmust」にも通ずる、2つの〝義務感〟によるものです。

1 「読まなければいけない」という義務感
2 「理解しなければいけない」という義務感

「～しなければいけない」と押しつけられるからこそ、本来は楽しいはずの読書が苦しいものになってしまっているということです。

これにはおそらく、小中学生時代の学校教育の影響もあるのではないかと個人的には考えています。

本と向き合う際、無意識のうちに「**きちんと読まなきゃ**」という謎の義務感に押しつぶされそうになる人は決して少なくないはずです。そしてどこか義務的に、「**なんとなくつらいなあ**」というような漠然とした不快感を払拭できないまま読んでしまうわけです。

けれど、よくよく考えてみれば、それは正しいことではありません。

なぜなら本来、「こう読まなければいけない」という**絶対的なルールなど存在しな**

いからです。
そこに「きちんと読まなきゃ」「たくさん読まなきゃ」というような義務感は必要ないでしょうし、それどころか、あってはいけないのです。本来なら自由であるべき場所に義務感が介在すると、そこからバランスが崩れていくと考えるべきです。

「誰かの成功例」は参考程度でいい

しかもこうした義務感は、メディアなどの影響で、どんどん強力なプレッシャーに変わっていってしまうものでもあります。

「〜でなければいけない」

「まず、これを読んでから」

そこで強制されるのは、おそらく「**誰かにとって有効だった考え方や手段**」です。

そう考えれば、手段としては必ずしも間違ってはいないともいえます。そしてもちろん、そこから学ぶことが多いのもたしかです。

しかし人はそれぞれ違うのですから、同じ考え方や手段が必ずしも万人に有効であ

ると は限らないわけです。
そのためにストレスを感じ、読書そのものを負担に感じてしまうのだとしたら、そこにはデメリットしかないことになります。

ですから、そうした主観的な意見に必ずしも左右される必要はありません。

もしもプラスにならないものだと感じたら、抵抗するでもなく、否定するのでもなく、さらりと流すべきです。そして穏やかに、自分自身にとっての読書のことだけを考えればいいのです。

実際のところ、よくある話なので、ぜひこのことは覚えておいてください。

ひたすら「ワガママ」になろう

読書とは「自分だけのため」の体験

だいいち、そんなことよりも大切なことがあります。

とても簡単な話です。

「**その読書は、いったい誰のものなのか？**」ということ。

考えてみてください。読むのは自分です。だとしたら、それは間違いなく「自分のための読書」だということになります。

あくまで自分のものなのですから、いろんな意味で、自分にとって最良の状態をつくってしまえばいいのです。そう考えてみるだけで、なんとなくワクワクしてきませんか？　その感覚は、ベストな読書に近づくための大切なプロセスでもあります。

軸としてのその部分がしっかりしているなら、「こうしなければならない」という押しつけにまどわされることもなくなります。読むスピードが遅かろうが、読んだ端から忘れてしまおうが、誰にも文句はいえないということです。

それが人から見て非常識であろうがなんであろうが、そんなことはまったく問題ないのです。

そして、プレッシャーに押しつぶされてしまいがちなメンタルを、そのように維持していくことができたとすれば、きっと気持ちは楽になります。そしてストレスのたぐいがひとつひとつ剥がれていき、読書が心地よいものになっていくはずです。

当たり前すぎることではありますが、その当たり前すぎることが、外部からの主観にかき消されてしまうことが往々にしてあります。

だからこそ、「自分のものだ」と自覚したうえで、読書スタイルをリセットすればいいということです。

自由であることが読書の本質

「**読書は自分のためのものだ**」ということを強調してきました。

そう、誰のものでもなく、読書は自分のためのものなのです。これは、とても大切な考え方です。

「その本」を選ぶのも自分のため。表紙を眺めるのも自分のため。ページを開くのも自分のため。文字を追うのも自分のため。なにかを吸収しようとするのも自分のため。感動したり、あるいは「失敗したな」と感じたりするのも自分のため。

その読書は1から100まで、すべてが自分のためにあります。制限されるものがないからこそ、それはとても自由で、心地よい行為なのです。

それが読書の本質です。

少なくとも読書だけに関していえば、**ワガママは正しいこと**なのだと考えましょう。

では、読書に関してワガママになるとは具体的にどういうことなのか？　参考までに、僕が考える「読書についてのワガママなスタンス」を列記してみます。チェックの数が多ければ多いほど、「ワガママ読書」の完成度は高くなっていくはずです。

そしてこれらのチェック項目のとおりにワガママっぷりを発揮してみれば、読書はどんどん自分のものになっていくことでしょう。

【読書についてのワガママなスタンス】

- □ 誰がなんといおうと自分が読みたいものを選ぶ
- □ その本の価値は、自分が決めるもの
- □ 他人の尺度は参考程度に
- □ 作品の世間的な価値は気にしない
- □ 自分の好みもたまには疑う
- □ 読書速度は気にしない
- □ すべてが理解できなくても問題ない
- □ 著者に必ずしも共感しなくていい
- □ なにかを感じられればよい
（言葉で説明できなくてもＯＫ）
- □ 自分に合わない本はある
- □ 読了できなかったとしても気にしない
- □ 読めないものには見切りをつけ、すぐに次の本へ進む
- □ 無理に読書を好きになろうとしない

コラム❶

習慣化のための図書館活用法

最新のトピックに触れるには書店がベストですが、「読書を習慣化する」という目的のためには、図書館にも大きな利用価値があります。おもなメリットは次のとおり。

1　誰でも利用できる

どんな市町村にも図書館はあって、誰でも自由に出入りできます。カフェやレストランを併設している図書館も多いので、なんなら一日中過ごすことも可能です。少なくとも門戸が開かれているのですから、利用しない手はありません。

2　あらゆるジャンルを網羅している

図書館はあらゆるジャンルを網羅していますから、自分が関心を持っているカテゴリーの書籍を、ほぼ確実に見つけられます。また、自分の興味の対象外の本も揃っているので、未知の領域へ足を踏み出してみることも容易です。高価な全集や、絶版本なども閲覧できたりします。

3　たくさん借りることができる

館内で読むのもいいけれど、読書を習慣化するためには、本を借りてみるのもいいのではないでしょうか。一度に借りられる冊数はその図書館によって異なりますが、ある程度まとめて借りられるのはうれしいことです。

【図書館活用のステップ】

1　書架案内図をチェックする

図書館には、どんな本がどこに収められているかを表示した「書架案内図」があります。まずはこれを確認し、どこにどんな本があるのかを把握しておきましょう。

2　ゆっくり歩いてみる

図書館の書棚を端から端まで、散歩をするような感覚でゆっくり歩いてみてください。少しでも気になった本があったら立ち止まり、開いてみる。その結果、なにかしら心に引っかかるものがあった本は、「借りる候補」へ入れます。

その際、現時点での自分の関心事だけに縛られないことが重要。いままで一度も興味を持ったことがないようなものであっても、タイトルなり装丁なり、挿絵なり、感覚的に少しでもピンとくる要素があったとしたら、それは「借りる候補」です。お金がかからないのですから、楽に自由に選んでしまいましょう。

こうしてフロア全体をチェックし終えたら、「借りる候補」の本が相当数になっていると思います。一度に借りられる冊数ならば、そのまま借りてしまえばＯＫ。借りられる冊数を超えてしまった場合は、もう一度考えて絞り込んでください。

3　借りた本を一冊ずつ読む

貸出期間内にすべてを読みきれなくても、それでいいのです。また、いざ読んでみると、「期待はずれだった」ということもあるでしょう。逆に、「あまり期待していなかったけれど、思っていたよりよかった」ということもあるかもしれません。そういう体験こそが収穫です。

4　取捨選択する

次は、「オミット（除外）する」ステップ。どうしても読めない本は、「そういうものだ」と判断し、除外していきましょう。「パッと選び、除外する」感覚を身につけるわけです。

定期的に図書館に通い、「瞬間的に気になった本」を片っ端から借り、取捨選択の感覚を身につけてみてください。きっと、読書の習慣化を後押ししてくれるはずです。

「読みたくなる」読書術

2章

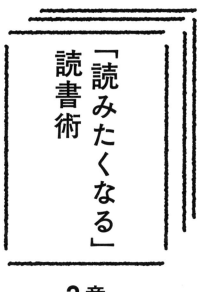

読書で「自分だけの価値観」をつくる

人は読書でエディット（edit）される

さて、ここまで「本との関係をカイゼンする」ことについてご説明してきました。内容的にはシンプルですが、とても重要なことなので、それなりにページを割く必要があると考えたからです。

とはいえ、消極的読者の方々がいち早く知りたいのは、「では、具体的にどうすべきか？」ということであるはず。「理屈はいいから、なんとかしてくれ」という状態であるともいえるでしょう。

そこで本章では、前向きな読書ライフに不可欠な「**読みたくなる**」「**サクサク読み進められる**」「**読書習慣がつく**」具体的な方法をご紹介していきます。

そのためにも、**「そもそも読書のメリットとは？」**ということについて簡単に触れておきたいと思います。

というところで突然ですが、ここで音楽についての話をします。

僕は、ヒップホップ・カルチャーの影響をその初期段階からリアルタイムで受けてきました。なかでも1980年代中期から90年代にかけてのシーンから得たものは大きく、さまざまな要素が現在の僕の内部に息づいています。そして、それは音楽だけでなく、僕のなかのさまざまな価値観にも影響を与えています。

「エディット（edit）」という感覚・手法もそのひとつです。日本語に訳せば「編集」ですが、これは、ヒップホップを軸としたダンス・ミュージックにおいての重要な要素であったのです。

おもに90年代中期までのヒップホップのサウンド・プロダクションを成り立たせていたもののひとつが、**「サンプリング（sampling）」**（わかりやすくいえば「抜き出す」）という手法でした。

既存のレコードから必要な部分だけをサンプリングし、それら複数の要素をエディットして、**まったく新しいサウンドにつくり変えてしまう**のです。

レディ・メイド（既製品）としての音楽を勝手に編集し、勝手に新しくしてしまったということです。

これは結果的に、世界中の音楽のあり方を大きく変革させることになりました。

もちろんビジネスという視点からとらえれば、人のつくったものを勝手につくりかえることは深刻な問題でもあります。事実、サンプリングは、著作権問題にまで発展しました。

しかし、こと創造性に関していえば、そのゲリラ的手法がきわめて革命的であったことは否定できないのです。

さて、ここまでの音楽の話は、これから書こうとしていることとの「前振り」です。

僕が強調したかったのは、**創造性はエディットすることによって高められる**ということなのです。

そして、同じことは読書についてもいえると感じています。

もちろん、読書体験は音楽作品のような「見えやすいなにか」を生み出すわけではありません。

仮にそこからなにかが誕生するとしても、それは目に見えないものです。

しかし、読書のメリットについて考えるときにも、それは大切なポイントになってくるだろうと思うのです。

「感銘のかけら」がオリジナルになる

たとえばAという本を読んでなんらかの感銘を受けたとしたら、読み終えたあとの脳裏にはAという**「感銘のかけら」**が残ります。

同じくBという本から感銘を受けたら、Bという「感銘のかけら」が残ります。

CにもDにもEにもFにも、XにもYにもZにも、まったく同じことがいえます。

そして、読むごとに蓄積されていったAからZは、自分自身の内部でエディットされ、組み合わさり、結果的にはそれまでにはなかった新たな形へと姿を変えていきます。

その形こそが、**自分にしかない価値観**です。

読書体験が積み重なり、そこから得られたかけらが絡み合うことによって、「新たななにか」、わかりやすくいえば「(その読書体験をした)自分だけの価値観」が形づくられるわけです。

読書が人の内面をエディットするとは、つまりそういうこと。

それこそが、**読書の創造性**だということもできるかもしれません。

1 「読みたくなる」メソッド

「やらなきゃいけない感」から脱する

そして、次に進むためにするべきは、やはり「**読まされている感**」から自由になることだと僕は考えます。

先ほども触れましたが、ひとたび「やらなきゃいけない感」が絡んでくると、それまで楽しいと感じたり興味を持てたりしたことも、途端につまらなくなってしまうからです。

場合によっては、「読書しなければいけない」「読書しなければ将来的に困る」というような危機感を煽られているような気持ちにもなってしまいがちなのです。

もちろん僕は読書肯定派ですから、当然のことながら「読んだほうがいいに決まっている」と考えています。また、読書から得るものの価値や、その大きさも理解しているつもりです。

でも、そこからくる義務感や危機感、あるいは焦燥感などは、往々にして**好奇心のゲージを下げてしまう**のです。だとすればそれは、読書のメリットを生かせない状態になってしまうということでもあるはずです。

人から押しつけられた状態は、心地よくないものに決まっています。ですから、ある意味でそれは当然の話です。

たとえば、小粋にそばを手繰りたいなと思っていたときに、「いや、いまは極辛のカレーを食べなくては**いけない!**」なんて誰かに強制されたとしたら、「なにいってんの、この人?」と抵抗を感じてしまうはずです。

ハードコアなヒップホップを大音量で聴いて気分をアゲたいとき、「いや、いまは静かにクラシック、しかもバロックを聴かなければ**いけない**」と一方的に押さえつけられたとしたら、発言者の人格まで疑いたくなるでしょう。それは強制されることではなく、「余計なお世話」に過ぎないのですから。

もちろんこれは極論ですが、なにごとも強制されるべきではないということはいえるわけです。なにを食べ、なにをおいしいと感じるかも、どんな音楽を聴き、どんな曲に感動するかも人それぞれだからです。

もしかしたら、「読書とは話が別」と感じる方もいらっしゃるかもしれません。が、これはまったく同じです。

食べものであろうが音楽であろうが本であろうが、それについての考え方や価値観を押しつけられれば誰だって不快です。そこから、ポジティブな感情が生まれるはずもないのです。

読書についていってみれば、それは、主体的にではなく「**気が進まないけど**（**読め**

ってうるさくいわれるから）しぶしぶ読む」というような状態。
これがほぼ確実に本との距離を大きくしてしまうのです。

能動的に「楽しむ」効果

では、「読まされている感」をなくすためにはどうしたらよいのでしょうか？
これは非常に難しい問題ですが、答えはいたってシンプル。
「**楽しむ」ことです。**
これに尽きます。

「そんな当たり前すぎることを！」と思われるでしょうか？　でも現実的に、「自分は読書を楽しめている」と断言できる方はどのくらいいるでしょうか？　現実的に、「楽しめていない」人が少なくないのです。だから、「読めない」と悩む人が減らないのです。

「楽しむ」ことは、快適さにつながります。するとストレスも減っていきますから、読書がさらに楽しくなっていくのです。結果として、より積極的に「次はこういう本を読みたい」という好奇心が増していくことになるでしょう。

いわば、大切なのは「**能動**」です。

既存の読書のあり方を、受動的になぞるからつまらなくなるのであって、基準を自分のなかに持てばいいということです。

そうすれば間違いなく、読書は刺激的で楽しいものになります。

「インプットする作業」からステップアップする

読書をするうえでは、どうしても、仕事などなんらかの目的のためだけに「読まなければならない」というケースも少なくはないはずです。

これ自体は仕方がないことですが、でも、そういったことが「読書は面倒なもの」というイメージを強調してしまう可能性はないとはいえないでしょう。

つまり、そこだけにとどまることは、結果として「読書＝仕事や義務」で終わってしまうということを意味します。けれども本当に重要なのは、そうした〝事情〟から離れた読書であるはずです。

なぜなら、事情のたぐいが絡みついてこなかったとしたら、読書はもっと自由でワガママが効くものになるはずだからです。

そして結果的に、自由でワガママな読書は、**自分の想像以上に多くのものを与えてくれるもの**なのです。感覚的には、「予想も期待もしていなかっただけにトクした」という感じ。

このことを理解するには、読書する自分の頭のなかを「**家**」にたとえてみるとわかりやすいと思います。

「読まなければならない」という事情のある読書とは、いってみれば「**インプット**」**する作業**です。だとすれば、その目的は、引き出した情報をストックしておくこと。いわば入口しかない建物のなかに、次々と情報という荷物を積み上げていくようなもの。積み上げてしまったら、その情報をまた引き出してきて、なにかのために応用することはあまりないということです。

また、ただ積み上げておくだけなので、スペースはどんどん埋まっていくことになります。レイアウトを変更するというようなことを、考える余裕はないわけです。ワンルーム状態の建物のなかでじっとしているしか手はないので、むしろ情報を置いておくための倉庫と考えたほうがいいかもしれません。

風通しのよい「家」を目指す

一方、それが「**自由でワガママな読書**」であった場合はどうでしょうか？

自由である以上は、なにをどう読もうと、なにを吸収してなにを捨てようと、得たものをどうしようと、すべての判断は自分次第です。

インプットもアウトプットもし放題。自分の興味のアンテナに引っかかったものを自由に収納しておけばいいのですから、**入口と出口がたくさん用意されている家**だということになります。

正面玄関もあれば、勝手口もある。そればかりか、いたるところに隠し扉があるような状態でしょうか。

しかも、それら複数の入口から自分の好奇心を刺激するいろんなものが入ってくるわけですから、楽しくないはずがありません。

「あれはここに置こう」「これはこっちにまとめよう」など、インテリアのバランスを考えながら、それらを室内にセンスよくまとめたくなってくるはずです。場合によってはレイアウトの変更も必要になってくるでしょうが、それもまた楽しみ。

好きなもの、興味のあるもので満たされた空間を、自分の好きなようにアレンジし、空間を再構成できるのです。

もちろん通気性もバッチリですから、文句なしに快適。

感覚に引っかかったすべてのものをひたすら集め、ごちゃごちゃしてきたら、**自分の感覚で再構成、再構築する。**そうすれば結果的に、それは自分にとって価値のある、

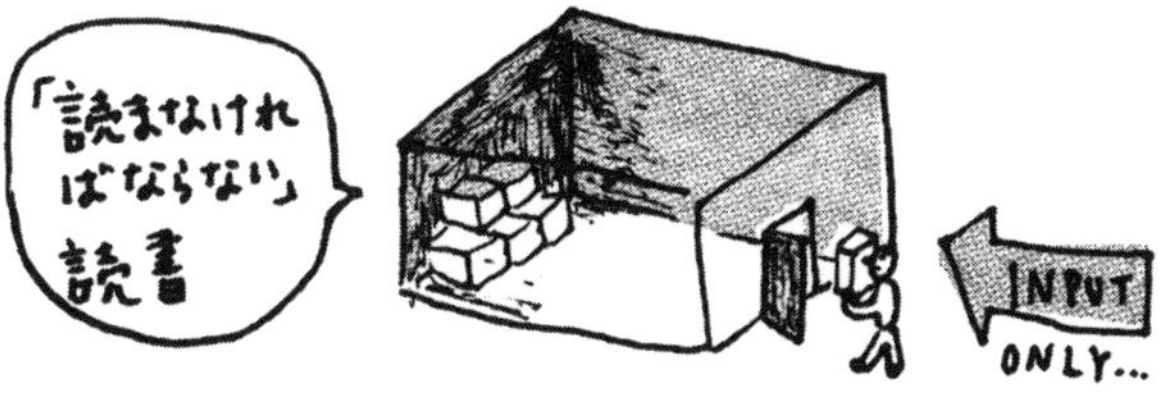
「読まなければならない」
読書
INPUT
ONLY...

自由でワガママな読書
OUTPUT
INPUT
EDIT
OUTPUT
OUTPUT
INPUT

まったく新しい〝なにか〟になる。

つまり、それも「エディット」と同等の感覚だということです。

既存の情報をいろんな本のなかから抜き出すことで、自分だけの価値を生み出すことができるのですから、それはとてもワクワクすることだとは思いませんか？

「100％」に執着するのはやめる

前著でも強調したことですが、読書に関してなによりも大切なのは、その本のなかから**自分にとって本当に価値のある「1％」を見つけること**だと僕は考えています。

一冊の本と向き合う際には、ついつい「書かれている内容のすべてを吸収しなくてはならない」というような思考に陥ってしまいがちです。そのような固定観念からは、なかなか抜け出せないものでもあります。

それは、実際に買った本であっても、図書館で借りた本であっても、あるいは人からもらったものだったとしても同じです。「できれば全部、それが無理でもより多くのものを得なくちゃ」というような感情は、少なからず絡みついてくるもの。だから厄介なのです。

僕も似たようなことを感じることはよくありますから、気持ちは十分にわかります。でも、だからいえるのですが、それは必ずしも正解だというわけではありません。

理由は簡単で、**すべてを吸収することなどできるはずがない**からです。それは現実的に不可能な話なのです。にもかかわらず、つい「しなければならない症候群」に陥ってしまうからこそ、自分の首を絞めてしまうことになるということ。

もちろん世の中には、目に飛び込んできた活字をすべて記憶できるとか、ものすごい速さで読めてしまうとか、天才的な読書力を持った人も「少しは」いるのでしょう。でも、忘れるべきでないのは、そういう方々はあくまで例外だということです。むしろ普通の人間であれば、忘れて当然なのです。

価値のある「1%リーディング」を目指す

よくよく考えてみれば、当たり前すぎる話だとは思いませんか？　にもかかわらず「自分は記憶力がない」というように真面目に考えてしまいがちだからこそ、読書がどんどんつらくなっていくのです。

しかし、大切なのはそういうことではありません。

自分だけの「1%」とはその名のとおり、**自分だけにとって価値のある文章やフレーズ、あるいは言葉にできない感覚**などのこと。

100%を記憶するのは無理だとしても、100のなかから価値ある1%を見つけ出すことができたのだとすれば、その読書には**100%と同等か、それ以上の価値が生まれる**という考え方です。

「たった1%かよ」と思われるかもしれませんが、無理して100%を記憶しようと思った挙句にその大半を忘れてしまうよりも、ずっと実のあることです。「たった1%」が自分にとってその本の価値を高めることは、経験的にまったく不思議なことではありません。

「この1%があるから、この本は手放すことができない」というようなことが、よくあるのです。

だからこそ、1%を見つけ出すことは本当に大切。いってみれば「**1%リーディング**」には「100%リーディング」と同等かそれ以上の価値があるわけです。

では、この1%をどうやって見つけ出せばよいのでしょうか?

次に、そのことについて触れてみましょう。

「1%」を見つける「フリー・スクラッピング」

前著において僕は読書を〝呼吸〟にたとえ、読む(吸う)ことだけでなく、書く(吐く)ことの重要性についても話をしました。

本を読むことは、そこに書かれている内容を吸収するということですから、基本的には「**インプット＝ストック**」です。

しかし、ただストックしているだけでは飽和状態で苦しくなってしまいます。そこで、「**アウトプット**」する手段として、次の3つのメソッドを提案したのです。

・「1ライン・サンプリング」（本の魅力だけを抽出する方法）
・「1ライン・エッセンス」（最高の1行を選び出す方法）
・「1ライン・レビュー」（感動できた「理由」を書き出す方法）

もちろん、消極的読書から抜け出すために、この3つを利用することも可能です。ただ、これらはあくまで、多少なりとも読書習慣がある人をイメージしてご紹介したものでもあります。

ですから本書においては、先の3つの「**1ライン・メソッド**」を生み出すきっかけとなった、より初歩的で、しかし読書を身につけるうえでは大切な手段をご紹介したいと思います。

その名も「**フリー・スクラッピング**」。

前述したとおり、「1ライン・サンプリング」「1ライン・エッセンス」「1ライン・レビュー」はいずれも、抽出したり、選んだり、書き出したりする作業でした。「フリー・スクラッピング」はさらにシンプルで、そして感覚的な方法です。

簡単にいえば、「1日に読んだ本」のなかから、**印象的だったフレーズ、表現、描写、台詞**など、その本から得た断片を**落書きのように自由に書き留めておく**のです。

文章化することが目的ではなく、感覚的にはコラージュやスクラップに近い行為。文章でも、フレーズでも、あるいは文章からインスパイアされたイラストやマンガでもなんでも、その1日分スペースのなかに、自由にスクラップしてしまうということです。

子ども時代の絵日記を、さらに「ルールなし」の状態にしたようなものといえば、ニュアンスは伝わるでしょうか?

つまり大切なのは、「1ライン・サンプリング」「1ライン・エッセンス」「1ライン・レビュー」よりも、「**きちんとまとめようとしない**」ことです。

要するに、その日の読書から得た「記憶の断片」を、思いのままに「記録しておく」。もっとわかりやすくいえば「置いておく」ことだけが目的なので、まとめる必要はないのです。

「まとめる」ことを避けてコラージュ的に「置いておく」だけなら、より**感覚的で素直なアウトプット**になってくるはずです

そこには結果的に**自分の内面が現れる**ので、「自分はこういうことが気になっていたのか」「自分はこれが好きなのか」など、知らなかった自分に出会える可能性も少なくありません。

そこで、毎日5分でも10分でも、1時間でもかまいませんが、「フリー・スクラッピング」に時間を費やしてみてください。

少しでも読む習慣がついたなら、日記の代わりにこれを習慣化するのもいいかもしれません。すると読むこと以外に、本との間にまた別の関係性ができるわけです。

そして結果的に、それは記憶、しかも「**長期記憶**」として脳裏に刻まれていく可能性を持つのです。

では、簡単にそのステップをご説明してみましょう。

「フリー・スクラッピング」の3ステップ

1 気に入ったノートとペンを用意する

最初にすべきは、書くための道具を揃えることです。どうでもいいことのように思えるかもしれませんが、実はこの段階が意外に重要。

「書く楽しみ、心地よさ」を実感することも継続させるためのフックになるからです。

といっても、お金をかけて高級品を買えという意味ではありません。デザインが好きだとか、使いやすいとか、なんでもいいのですが、なんらかの理由から「好きだな」「フィットするな」と思えるノートや筆記用具を選ぶこと。

ですから、ノートの判型も自由です。開いて置いておけるリングタイプや、持ち運べる小さめのA5サイズなどもいいかもしれません。同じように筆記用具も、モチベーションの上がるカラーのペンや懐かしの鉛筆など、なんでもOKです。

2　1ページを「その日」のスペースにする

「フリー・スクラッピング」は日記に近いメソッドです。理想的なのは、**毎日続けること**。

そして、1日1ページを使用していけば、あとから見なおすことも容易です。

なにより、そうすることによって、1日の、1週間の、1ヶ月の読書にリズム感を与えることができます。

3　そのスペースになにをスクラッピングするか？

とはいえ、「自由にスクラッピングしろといわれても、なにをどうしたらいいのかわからない」という人もきっといると思います。

印象的な場面や描写に関して、自分が感じたことを書き留めてみてもいい。「これがこの本のキーワードかも？」とピンときた言葉や、それまで自分が知らなかった言葉などを拾ってみてもいい。

その本を読んでいたとき、バックに流していた音楽のアーティスト名や曲名を書いたり、その本に関連する写真やイラストを探してきて貼りつけたりするのもいいでしょう。

慣れてきたら、気になったフレーズを書き留めておく「1ライン・サンプリング」を取り入れてもいいし、短めの「1ライン・レビュー」を書いてみてもいいですね。

僕にその勇気はありませんが、なんなら読んだ本のなかから心に残ったページを切り取って、貼りつけてしまってもOK。

自分だけのためのものなのですから、そこに**論理性やストーリーは不要**。自分だけがわかって、あとから見なおしたときにも、自分だけがそれを楽しめればいいというわけです。

そうやって、その日の読書体験をノートブックにパッケージしてしまえば、それは単に「読んだだけ」の状態よりも鮮明な記憶を残すことになります。

しかも「読んで」「考えて」「選んで」「書いて」「切って」「貼って」……とさまざまなことができるわけですから、単に読むだけよりも充実感を得ることが可能です。

僕の場合は、一定周期でモノをまとめて捨てたくなる性格なのでなかなか難しいのですが、捨てずにとっておけば、「自分史」的な価値も生まれるかもしれません。

そしてなにより、モトが取れます……というのは冗談ですけれど、いずれにしても読書の楽しさを倍増させることができるのです。

その日に
読んだ本の
なかから…
フリー・スクラッピング
印象的だった文章、フレーズ
イラストetc…なんでも自由に
スクラップしてしまおう!

2 「読み進める」メソッド

〝どうしても読めない本〟はとりあえず寝かす

「何度読んでもしっくりこない……」

「著者を嫌っているわけでもないのに、なんだか心に入ってこない……」

「できればなにかを吸収したいのに、読んだ端から通り過ぎていく……」


そんな、〝**どうしても読めない本**〟があります。

なんらかの理由で読まなければならないのに、まったく集中できず、何度読み返しても一向に前に進まないというような本のこと。そんな本に出会って悩まされた経験は、少なからず誰にでもあるのではないでしょうか？

実はそういう本こそが、続かない読書の元凶でもあります。

・「集中しなきゃ」と気持ちばかりが焦り、さらに集中できなくなる
・まったく頭に入ってこなくて、入ってきたとしてもすーっと抜けていってしまう

たとえば、こんなタイプ。

そんな本に出会ってしまうと、負のスパイラルに突き進んでいくことになってしまいます。


この問題について考えるとき、まず知っておくべきは「**『読めない』ということは、誰にでもよくある**」ということ。

ここは、とても重要なポイントです。


なぜなら多くの人は現実的に、「よくあることだ」と思えていないから。

「よくあることに悩まされている」という自覚が欠けているからこそ、必要以上に悩んでしまい、「読めないスパイラル」に巻き込まれて悩んでしまうのです。

でも、うまくいかない理由は意外にシンプルでもあります。

早い話が、その本とは**「相性が悪い」**のです。

たとえ相性の悪さを裏づけるものがなかったとしても、いや、むしろ「ないからこそ」、「いくらがんばっても読めない本」は「相性が悪い本」だというしかありません。

これは、人間関係に当てはめてみれば理解しやすいのではないかと思います。

「いい人そうだな」「気が合いそうだな」あるいは「一緒に仕事するから、いい関係になっておこう」などと思ってコミュニケーションをとってみても、どうもうまくかみ合わない相手がいませんか？　どちらが悪いわけでもないのだけれど、なんだかどうにもうまくいかないというような……。

それは、好き嫌いを超えたことです。

「なんとかしなくちゃ」とがんばって相手との関係を続けていったとしても、どうしてもうまくいかないことはあるのです。

本についてもまったく同じで、どうしてもしっくりこないという本は、スパッと割り切り、別の本に手を出してみることも大切なのです。

そのほうが、ずっと効率的で合理的。なにしろ時間は限られているのですから、そういった割り切りも無駄ではありません。

本との関係も「タイミング」と「縁」

それに、（これもまた人間関係と似ていますが）一度離れて距離を置き、ある程度時間が経ってからふたたび接してみると、以前からは想像もできなかったほどしっくりくることもあります。

「**ちょうどいいタイミング**」というものがあるのです。

ですから「どうしても読めない本」については、いったん切り捨てる勇気を持ってください。書棚の奥にしまっておいてもいいし、いっそ処分してしまってもいい。

とにかく、その本を視野から外すのです。

このとき、「処分してしまったらもう二度と読む機会は訪れないかもしれない」と思ってしまいがちです。しかしたとえ処分してしまったとしても、**なんらかの縁がある本とは必ず再会できる**ものです。

そうでなくとも、いまは昔と違い、探しているものを見つけやすい世の中です。マニアックな希少本は別としても、大抵の本は必要になった段階で、古書店や新古書店、あるいはインターネットなどを通じて簡単に買えます。

でも現実的には、僕のように日常的に本と接している人間であっても、一度処分した本がまた必要になるということはほとんどありません。

つまり、それほど深刻な問題ではないのです。

それくらい割り切ってしまうと、本当に自分に必要な本、自分が求めている本の実態が見えてきたりもします。

視点を変えてみると新しい関係を築ける

さて、そうはいってもこの「相性の悪い本」を、どうしてもいま読まなくてはならないというときもあります。

昔、広告の仕事をしていたころ、オリエンテーションの席などで「あ、この人とは相性が悪そうだな」とか、「そもそも、こちらを受け入れようという姿勢を見せてくれないものな」などと感じさせる、ネガティブなタイプの人に会うことが何度かありました。

たとえば「俺が俺が!」と一方的な姿勢で攻められたら、やはり「あ〜あ、早くこの時間が終わらないかな〜」などと考えてしまうわけです。「この人のこと、本当に好きになれないわ〜」というような感じで。

しかし、あるときふと、こう考えたのです。

「……でも待てよ。この年恰好からすると、家族がいてもおかしくないな。というより、普通に考えれば家族はいるだろう。そうか、こっちから見るとすごく嫌なおじさんだけど、でもこの人にも好きになって一緒になった奥さんがいて、目のなかに入れても痛くないくらい大切な娘がいたりするかもしれないんだなー」

つらい時間から現実逃避したいがために、いろいろ考えてしまっただけの話です。でも、ふとそんなことを考えたりすると、さっきまで「絶対に好きになれるはずがない」と信じて疑わなかった人が、ちょっと憎めなくなってきたのです。だから、それ以降は押しつけがましい話を聞くこともさほど苦ではなくなったのです。

さて、なぜいきなりこんな話をしたかについて。

読書についても、似たようなことがよくあるのです。

つまり、**視点を変えてみればいい**ということ。

もちろん、「相性が悪い」としか思えない以上、それを真正面から肯定することは困難かもしれません。でも、視点を変えてみると、（魔法のように劇的な変化はないとしても）ほんの一部でも受け入れられることが「ないわけではない」というわけです。

これはわかりやすく「著者と意見が合わない」という場合の例ですが、対象を拒否する最初のステップは、おそらくこんな感じです。

「この人はこんなことを書いてて、自分にはちょっと肯定できない。いや、かなり肯定できない。こんなもの、肯定したくない」

でも、そこで終わるのではなく、次にこう考えてみるのです。

「でも、**この人はどうしてこんな考え方をするんだろう？　その根拠は、いったいなんなんだろう？**」

否定することを前提としてそう考えるのではなく、フラットな状態で、

「自分としては受け入れられないが、でも、こういう考え方をする人の気持ちを探求してみよう」

そんなふうに、少し距離の離れた場所から受け入れてみるということです。いわば、僕がオリエンテーションの場で体験したことに近い感覚です。

達成感をバネにする「ゲーム的読書法」

なお、「理由はわからないけれど読めない本」を読むための方法もあります。

それは「**ゲーム的読書法**」。

僕はさほど熱心にゲームをする人間ではないので、たとえは適当ではないかもしれませんが、ゲームを1面ずつクリアしていくような感覚で本を読んでみようということです。

そのために必要なのは、好きとか嫌いという感情を意識的に排除し、機械的に読んでいくこと。読み進めていけばいくほど、「ここまで読めたんだ」という達成感が大きくなっていくわけです。

おそらくゲームにも、同じことがいえるのではないでしょうか？　クリアを重ねてステージが上がっていけば気分はよくなるもの。

好きになれない本とも、そのように付き合ってみるという考え方です。

非常に単純な話ですし、読みたくない本だけでなく、すべての読書にいえることでもあります。しかしいずれにしても、こうして得られる**達成感が、気の進まない本を読む際の大きな力になる**のです。

「句読点」でリズムをつかむ

さて、何度も書いてきたとおり、読書は速さを競うような性質のものではありません。

ですが、「読み進める」ことについて考えるとき、意識しておくとなにかと便利なものがあります。

それは「**リズム感**」。

音楽を聴いているとき、無意識のうちにリズムに乗って体を揺らせていることがありますよね？　それは、その音楽のリズムを感じ取っているということです。

同じように文章からもリズムをキャッチして、その文章の流れに乗ってみるのです。すると、一文読むごとに立ち止まっては何度も同じ部分を読み返してしまう、というようなことが少なくなります。

そういう意味では、読書におけるリズム感とは、サクサク読み進められるような「コツ」だといいかえることができるかもしれません。その一方で、「余韻」のような言葉にしづらいニュアンスを楽しむために、とても大切な要素だとも思います。

文章のなかからリズム感を見つけ出そうというとき、僕はよく「**テン**」と「**マル**」（**句読点**）**の位置やタイミング**を意識します。このテンとマルを「ブレイク」と考えることで、リズムを感じ取る手助けにするのです。

ジャンルに合わせてスピードをコントロールする

そして実感したことのある方もいらっしゃると思いますが、その読書が**快適であればあるほど、意図せずして読書スピードも上がっていく**ものです。また、速く読むことが目的なのではなく、〝結果的に〟速くなるだけなのですから、気持ちに負担がかかることもありません。

すると、そこから先の読書がまた快適になり、さらにリズム感がついてスピード感が増していきます。つまりは効率的に読める習慣がつき、好循環が生まれるのです。

それだけではありません。スピードの操り方を身につけることができれば、加えて作品との相性がいい場合はさらに、その**スピードを自在にコントロールできる**ようにもなるでしょう。

たとえば多くのビジネス書のように、効率を重視して「速く読みたい本」の場合は、速さを重視して流し読みをすればいい。それに対し、小説のように全体の流れを楽しみたい場合はスピードをあえて落としてみるのもいい。そうやって、読書のテンポを本に合わせることが可能になるわけです。

だからこそ、リズムを意識し、それを自分のものにすることは大切なのです。

音楽でリズムに乗りやすいムードをつくる

リズムやテンポを意識するためには、「**音楽を利用する**」ことも変化球的な方法として頭に入れておきたいところです。

あくまで自分流のスタイルですから、すべての人に当てはまるかどうかはわかりませんが、少なからず参考にはなるかもしれません。

カフェやレストランで流れているBGMに、気がつけばいつの間にか影響を受けていることはありませんか？

ゆったりしたクラシックが流れている喫茶店では、意図せずともゆったりした思考で、普段考えないようなことまでじっくり考えられたり。逆に、アップテンポなクラブミュージックが流れているラーメン店では、気づかないうちにいつもより速く麺をすすっていたり。

本も音楽も、ともに楽しむべきものです。そしてご存知のとおり、それぞれに多くのジャンルが用意されています。

だとしたら、本と、それに合いそうなジャンルの音楽を組み合わせて考えたら、その感覚を読書スタイルに組み込んでみたら、もっと楽しめるのではないか？

そんな、きわめて単純な発想です。

要は雰囲気やムードに頼ろうということですから、こういう発想がちょっとばかりうさんくさく思えることも認めはします。でも、目的は「読めるようになること」。もし、音楽のムードを利用することでそれを実現できるのであれば、どんどん利用してしまえばいいのです。

ちなみに章末のコラムで、僕が実際に読書中、あるいは執筆中によく流している音楽をいくつかご紹介しています。参考になるかはわかりませんが、自分なりの「本と音楽の結びつき」を考えてみるためにお役立ていただければうれしいです。

3 「習慣づける」メソッド

「読書をする時間がない」問題

さて、読書に対して積極的になれない人たちの口から、「**時間がない**」という言葉を聞くことがよくあります。

その気持ちは、わからないでもありません。出口の見えない経済状況のなかで、ひとりでこなさなければならない仕事の量は、増えていく一方でしょう。

現実的に、ぎっちりと詰まったスケジュールをこなしていくだけで1日が終わってしまっても不思議ではないでしょう。

むしろ、「本なんか読んでられっか!」という気分になったとしても無理はないともいえます。

しかし、そうではないのです。**時間がなくても読書はできます。**

たしかに、一日のうちの数時間を読書だけに費やすことは難しいだろうと思います。しかし別に、集中して多くの時間をそこにかけなくてもいいのです。

「短く、確実に」ライフサイクルに組み込む

まず、読書習慣が身についていないのであれば、いざ読もうとするときに「さあ、これから本を読むぞ！　よし、表紙を開くぞ！」なんて意気込んでみたところでまったく意味がありません。

大切なのは、読書をなんらかの方法で**ライフサイクルに組み込む**こと。つまり、習慣化が必須項目だということです。

でも、そうはいっても、大げさに考える必要はまったくなし。早い話が1日24時間のうちのどこかに、本を読む時間を設定すればいいだけなのですから。

しかも、大切なのは読書時間の長さではありません。

1日1時間とか2時間とか、極端な読書時間を無理やり設定して挫折するより、**毎日10～20分だけ〝確実に〟読書時間を取る**ことのほうが重要です。

もし時間のハードルが高かったとしたら、それだけ失敗しやすいということにもなるのです。

あるいは、時間設定がぼんやりしすぎていてもそれはそれで失敗しやすくなります。

「たぶん、家に帰ってきてから寝るまでの〝**どこかで**〟30分ぐらいの時間は取れるだろうから、その時間を利用して本を読めばいいや」

もちろん、本を読もうという意思を持つことには価値があります。けれども、こういう曖昧な感じだと、結局はその〝**どこか**〟をキャッチすることはできないでしょう。

では、どうしたらいいのでしょうか？

簡単なことです。たとえば「朝食後、コーヒーを飲み終えるまでの10分間」とか、「通勤電車内の20分間」とか、1日のなかのどこかに「**読書のための数分もしくは数**

十分」を具体的に組み込み、それを徹底的に守るのです。

ちなみに、その「どこか」に活用しやすいのは、このあと触れる「なにもしていない時間」です。

もちろんそれ以外の時間を使ってもかまいませんが、早い話が「使える時間は、意外に多い」のです。

それでも難しいことだと感じたなら、ちょっとだけ想像してみてください。

朝、歯を磨くことは続けにくい習慣でしょうか？

お風呂に入るのは、とてもつらい習慣でしょうか？

そんなことはありませんよね。

まったく同じことで、毎日の生活習慣と同じ時間軸のなかに、読書の時間を組み込んでしまうことは、それほど難しいことではないわけです。

「プチ荒療治」で細切れ読書を継続させる

なお、「10分」「20分」と時間を決めてしまうことには、実は相応の理由と効果があります。

多くの場合、あらかじめ決めておいた時間まで読み進んでみると、その時点で、**「そこから先」が気になってくる**ものです。つまり、もっと読みたくなってくるということです。

だから、「あと5分だけ延長しようかな」と思ったりもするのですが、そこで心を鬼にして、いったん本を閉じてしまいましょう。

すると当然のことながら、「その先」が気になって仕方なくなります。

そうなると、いつもならスマホを眺めている通勤電車内とか、昼休みとか、ちょっとだけ空いた時間にも本を開きたくなってきます。で、いても立ってもいられなくなり、思わず電車内で本を広げてしまう、そういうことが実際にあるのです。僕は経験者なので、それについては自信を持って断言できます。

そして長い目で見ると、そういう小さなことが読書習慣につながっていくのです。いわば、「もうちょっと……」という気持ちを無理やり押さえつけることで、読書欲求を高めようという〝プチ荒療治〟です。

だから、もし電車内で「**続きを読みたい**」という思いが頭をもたげてきたら、スマホはポケットにしまって本を開いてみてください。

そして電車を降りるまで、読めるところまで読んでみてください。電車が着いたらまた閉じて、次の空き時間にまた開いてみましょう。

そうやって、「あらかじめ決めた数十分」を軸として、そこに細かな読書時間を肉づけしていけばいいのです。

読書のために1時間を割くのは、決して楽なことではありません。でも、その程度の「細切れ読書」なら苦にはならないはずです。

10分読書のチャンスが6回あれば、結果的に1時間、
15分読書のチャンスが4回あれば、結果的に1時間、
20分読書のチャンスが3回あれば、結果的に1時間です。

そのように「**あらかじめ決めた数十分**」と「**細切れ読書**」**を組み合わせていけば、読書は必ず習慣化できる**のです。そして、本を開くことが楽しみになってきます。

時間の使い方、そして意識の問題です。

まずは、自分に最適な「あらかじめ決めた数十分」がどこにあるのかを知るために、一日のタイムスケジュールを再確認してみることをお勧めします。

「なにもしていない時間」に気づくと毎日が変わる

一日のなかには、いたるところにぽっかりと「**なにもしていない時間**」ができているものです。それに気づいていない人は意外に多いのですが、数十分の空白は、すぐ手の届くところにあります。

たとえばいい例が、先に挙げた通勤電車内です。多くの人にとって、それはスマホを見つめる時間になっていることでしょう。

しかし実際のところ、「スマホを見つめなくてはならない明確な理由」があってそうしている人は、かなり少ないはずです。

「通勤時間を利用してニュースをチェックする」というような理由もあるかもしれませんが、本気でそう考えている人は、実のところそれほど多くはないのではないでしょうか？　たいていは、別に見たいわけではなく、でも手持ち無沙汰だからスマホに依存するわけです。

かくいう僕も、同じようにスマホを眺めてしまうことがあるので、それは我がこととして実感できます。

しかし、それこそが実はなにもしていない時間であり、それを自覚することが読書時間の確保につながるのです。

また家にいるとき、特に見たいわけでもないテレビやネットをぼんやりと眺めていることも少なくないでしょう。それもまた、「なにもしていない時間」です。

僕自身も、ぼやーっとテレビを眺めながら、「あー、自分はいま、別にこの番組を見たいわけじゃないなー。ただ、なんとなく見てるだけだわ」と感じながらもダラダラと見続けてしまったというような経験が何度もあります。

つまり「なにもしていない時間」は、1日のうちの気づきにくい場所に、実はポコポコと存在しているわけです。**あまりにも自然にライフスタイルのなかに潜んでいる**からこそ、なかなか気づきにくいだけなのです。

だとすれば、その無駄な時間を有効活用しない手はありません。

むしろ活用しなければ、それは時間を浪費しているということになります。

時間は、あります。

「なにもしていない時間」を活用しようという発想がないだけです。
だからこそ、「本を読みたい。でも、時間がない」という人は考えを改めるべきだと思います。

とはいっても、別に上から目線で偉そうに主張したいわけではありません。
先ほども書いたように、僕自身にも「時間がない」を言い訳にしていた時期があり、振り返ればそこでずいぶん損をしたなと痛感するのです。
だから、そういう無駄に目を向けてみたほうが、いろんな意味でプラスだということをお伝えしたいだけなのです。

時間を見つける参考になればと、僕が考える「日常のなかの〝なにもしていない時間〟」をいくつかピックアップしてみました。

ありきたりなものばかりですが、仮にこの12項目すべてにそれぞれ10分を費やしたとしたら、120分＝2時間を確保できることになります。
そう考えると、ばかにできない時間だとは思いませんか？
「なにもしていない時間」を活かすことには、実は大きな意義があるのです。

【日常のなかの〝なにもしていない時間〟】

- □ 朝、目が覚めてから起き上がるまでの数分間
- □ 出かける前の、なんとなくぼーっとしている数分間
- □ 通勤電車内の数分〜数十分間
- □ 始業時間前の目的のないネットサーフィン時間
- □ あらゆる時間帯の、特に目的のないスマホ操作時間
- □ コーヒーショップでなんとなく過ごす時間
- □ 移動時の電車内の数分〜数十分間
- □ 帰宅後の特に目的のないテレビ視聴時間
- □ 帰宅後の特に理由のないインターネット利用時間
- □ 入浴中の手持ち無沙汰な時間
- □ 特にすることのない時間
- □ 寝床に入り、眠りにつくまでの時間

買っても読まないをやめる「お預け読書」

「**積ん読**」という言葉があります。

本を買っても、結局は積んでおくだけのような状態。かつて僕にもそんな時期がありました。そしてそんなときには、どんどん高くなっていく本の山を眺め、よくわからない満足感に浸ったりもしたものです。

積ん読が日常になってしまう原因のひとつには、本を買ったときに感じたはずの"**読もう**"**という気持ちが持続しない**ということもあるのではないでしょうか。

本を買った時点でなんとなく満足した気持ちになり、とりあえず部屋の一角に置いてしまう。そして次に書店に行ったときには、また別の本に心惹かれる……ということを繰り返すような感じ。

そこで、読みたい気持ちを盛り上げる方法として「**お預け読書**」をご提案してみたいと思います。

習慣化のところでも少し触れましたが、「本を読みたい」という欲求を「お預け」状態にするものなので、ちょっと変態的ではあります。でも、それなりの効果があることは、僕自身が体験済みです。

「お預け読書」の4ステップ

1 本を買う

書店に足を運び、店内をゆっくりと回りながら「**ピンときた**」本を選ぶこと、まずはそれがスタートラインです。

選ぶ基準は、話題性でも、タイトルでも、表紙でも、帯のキャッチコピーでも、目次でも本文でも、なんでもかまいません。基準がどうであれ、ピンとくる要素があることが大切だからです。

2 買った本を〝眺める〟

ピンとくる本を買ってきたら、その日のうちに、表紙や目次など「本文以前」のところを、じっくり眺めてみてください。

ただし、まだ本文は読まないこと。

この段階では「本文以前」までの限定された情報によって、本文への好奇心を高めていくわけです。

そして内容についてそれなりに思いを馳せてください。

「バカバカしい！」と思われるかもしれませんが、このバカバカしさにこそ意味があるのです。バカバカしさは、けっこうバカにできません。

しかも、そのバカバカしさのために、わざわざ時間をつくる必要もありません。たとえば家でゴロゴロしているときなど、「なんでもない時間」を利用すればいいだけなのですから。

いずれにしても、「この表紙のデザイン、いいな」「帯に書いてあるこのキャッチコピーを読むと、内容が気になるな」「で、どんな内容なんだろう？」という感じで、ゆるやかに**期待感を高めていく**のです。

3 買った本を、少しだけ読む

さて、2、3日なり、1週間なり、相応の時間が経過しました。

そこで次の段階として、「1ページだけ」あるいは「1パラグラフだけ」、「**おもしろそうだな**」「**ここから先はどうなるんだろう?**」と感じるまで読んでみてください。

つまり、1ページ読んでみてそう感じなかったとしたら、そのパラグラフの終わりまで読んでみる。あるいは、もう1ページ読んでみる。

その結果、「おもしろそうだな」の瞬間が訪れたら、その区切りの部分でパタッと本を閉じるのです。そうすれば、「もうちょっと読みたかったんだけどなぁ!」という具合に、そこから先の好奇心を持続させ、肥大化させることができるわけです。

4 3の読み方を繰り返す

そして、ここから先は「**ゆるい習慣化**」の段階です。自分のペースで、3の読み方を繰り返していけばいいのです。

ここまできたら、ある程度、読書に対する抵抗感もなくなっているはずです。というより多少なりとも、本を読む楽しさを実感できるようになっていると思います。

その後は、自分の状態を観察しながら、「お預け読書」のサイクルを少しずつ進化させていきましょう。

1　お預け時間を短くしていく
2　次に読むまでの時間も短くしていく
3　一回に読む量を増やしていく

だからといって、義務的なものとしてとらえる必要はありません。むしろ「読書ってこういうものなんだな」と、永遠に続いていくかもしれないそのプロセスを楽しんでしまうべきなのです。

そして気がつけばいつの間にか、「お預け読書」を意識することもなく、自分にとってのベストなペースが自然に身についているはずです。

お預け読書
①本を買う
これだ!
②買った本を"眺める"
どんな本かなー
この段階をくり返し
ゆるく習慣化する
③買った本を、少しだけ読む
パタン
おもしろくなってきた〜

コラム❷

読書時間と音楽

本章のなかで、「読書リズムと音楽」の親和性について触れました。せっかくなので、個人的に楽しんでいる読書と音楽の結びつきをご紹介してみたいと思います。

僕の場合、本を読んだり文章を書いたりする際に流している音楽は、その大半がクラシックです。

文章を書く際には、クラシックでも、オーケストラ楽曲よりは、バロックや室内楽、あるいは現代音楽。アレクサンドル・クニャーゼフというチェリストが弾くバッハの『無伴奏チェロ組曲』とか、天才ピアニストとして知られるグレン・グールドによるバッハの『ゴルトベルク変奏曲』あたりが個人的定番ですが、つまりは、邪魔にならないものをかけると、読書も執筆もはかどるわけです。

ちなみにスティーヴ・ライヒなどの現代音楽には、創造性を刺激してくれるという効能もあると感じています。『6台のマリンバ』のような傑作を聴きながら読書すると、脳内のクリエイティブな部分が活性化されるような〝気がする〟わけです（単純ですね)。

また、ブライアン・イーノの提唱するアンビエント・ミュージックも、気持ちを集中させるためには最適。そもそもアンビエント・ミュージックの概念は「家具のように邪魔にならない音楽」というものなので、当然かもしれませんが。

とはいえジャンルごとにとらえた場合、僕の音楽の利用法はかなり極端です。たとえばミステリーなどを一気に読みたいときには、80〜90年代のヒップホップや、あるいはパンクやヘヴィー・ロックを利用することも少なくありません(やっぱり単純だ)。

ヒップホップならパブリック・エネミーの初期から中期の作品とか、ハードコア・パンクであればディスチャージなど。また、ちょっとした変化球ということで、我が国が誇るマキシマム ザ ホルモンなどもよく聴いています。パワーや勢い、そしてちょうどいいポップ・センスを、読書のための道具として用いるわけです。

ビジネス書を読む際には、時間を効果的に用いること、つまりスピード感が求められます。とはいえ、ヒップホップのようにビートが強すぎると、それはそれで邪魔になってしまいます。

そこでビジネス書を読む際におすすめしたいのが、クラブ・ジャズやワールド・

ミュージックです。適度なビート感とスピードが、邪魔にならない程度に気持ちを高めてくれるわけです。個人的には、ジャズでいえば日本のソイル＆"ピンプ"セッションズの諸作品は読書にとても合うと思っています。また、ロンドンの著名DJ、ジャイルス・ピーターソンによるワールド・ミュージックのミックスも良質。

ありきたりかもしれませんが、自己啓発書やスピリチュアル系などを読む際には、アンビエントがぴったり。『Origins』を筆頭とするスティーヴ・ローチの作品群、あるいは（日本ではほとんど知られていませんが）デヴィッド・ダンというアーティストのフィールド・レコーディングス作品などもまた、僕にとっては重要な「読書音楽」です（厳密にいえば〝音楽〟ではなく、〝音〟なのですが）。

小説の場合、厳密にいえば純文学とミステリー、娯楽小説など細かいカテゴリーによってフィットする音楽も変わってくると思います。が、「プロット（筋）やストーリーを楽しむ」という共通項に基づいて考えてみると、意外に合うのがシンガーソングライターの音楽です。個人的におすすめなのは、イギリスのシンガーソングライター、ニック・ドレイクの『ピンク・ムーン』。

他にもいろいろありますが、ジャンルがなんであれ、読書意欲を高めてくれそうな音楽を探し出し、それを活用してみるというのも変化球的な方法のひとつです。

3章

「読書のカベ」をこわすための提案

いまの読書をいったん受け入れる

リセット&リスタートしよう

ここまで、読書状況を変えるための具体的な方法についてご紹介してきました。とはいえ、「やり方をいろいろいわれても結局はじめられない……」という方もいらっしゃるでしょうか。

「読書術の本はこれまでも読んだけれど……」という方も多いかもしれませんね。

当初の目標としてかかげた「自分の読書スタイルを見つける」を形にするためには、とても重要なポイントがあります。

それは「はじめに」でも触れたように、**いまの自分の読書を否定しない**ということ。

選書のセンス、読書スピード、記憶力、読解力などなど、自信のないことも含め、というよりも自信のないことを中心に、自分の読書の現状を否定的に考えないということです。

「隣の芝生は青い」という言葉があります。

いうまでもなく、他人のものはよく見えるという意味ですが、同じことは読書にもいえます。他人の読書は隣の芝生。自分より優れて見えたり、魅力的に見えたりするものなのです。

でもその他人も、自分の読書にコンプレックスを持っている可能性があります。

そういうものなのです。

だとすれば、自分の読書を否定する必要など、どこにもないことは明らか。つまりは、なによりもまず、自分の読書を受け入れるべきなのです。

受け入れると、とりあえずそこで自分をリセットすることができます。**「ゼロ」の状態に戻せる**わけです。

あとはそこからリスタートすればいいだけの話。

しかも現実的には、自分でゼロだと思っていても、多くの場合、実際には「ゼロ以上」の状態にいるものです。

つまり、その分オマケがついたようなもの。

たとえば、「自分はゼロだから、ここから再出発しよう」と思ったとしても、実際にはこれまで積み上げてきた人生経験があるわけですから、「＋10」だったり「＋100」だったりするわけです。


いってみれば、その「＋」**分がバネのような力を持つ**ということ。

「遅い」「読めない」となんだかんだいっても、読書の最低限の基礎は知らず知らずのうちに身についているもの。ですから、リセットしてからその先へ進むことはさほど難しくなく、しかもバネの勢いで予想以上に進めるはずなのです。

本との関係をあまり悲観しない

不思議なことに、**大人になるにつれて読書のハードルはさらに高いものになっていきます**。もとから読書が苦手だったという人だけではなく、子どものころから本が好きでよく読んでいたという人も、なぜか大人になると「読書スピードが落ちた」「読めなくなった」と悩むようになることが少なくありません。

原因はいろいろ考えられそうですが、すぐに思いつく壁としては、90ページでも触れたとおり「**仕事**」があるのではないでしょうか？

本は読みたいのだけれど、仕事が忙しくて読む時間がなかなかとれないというような事情です。時間はとれたとしても仕事のストレスが大きく、「読みたくても読む気になれない」というシリアスなケースもあるかもしれません。

また同時に、「**本以外のメディアに感化される機会が増えた**」ことの影響もあるでしょう。スマホやゲームなどさまざまなモノや情報にあふれた時代ですから、本を読みたいと思ってはいても、ついスマホを見てしまうなどということが往々にしてあるわけです。

そう考えると、ここにきて再び読書習慣を身につけるということは、かなり困難なのではないかとも思えます。なかなか時間がとれなくて、精神的にも余裕がなく、そうでなくとも楽に楽しめるツールがたくさんあるとなれば、おいそれと読書習慣など身につきそうもないと感じたとしても不思議ではありません。

しかしそれでも、あえてそれを悲観的にとらえるのではなく、まず「**そういうもの**」だと受け入れてしまいましょう。

あとで詳しく述べますが、社会全体で「読書人口が減った。由々しき事態である」というところを出発点にしたら、ネガティブなムードになってしまうのも当然です。

しかし、必要以上に悲観することなく「そういうものなのだ」と割り切れたのであれば、「そこからどうすべきか」を考えることができ、そこがスタートラインになるということです。

「速く読める」を目的にしない

「読書スピードが遅い」問題

「もっとたくさん本を読みたい」と思ったときに必ず立ちはだかるのが「**読書スピードのカベ**」です。多かれ少なかれ、誰しも一度はこの壁にぶつかったことがあるのではないかと思います。

「自分は、読書スピードが遅いのではないか？」
「みんなは、もっと効率的に読んでいるのではないか？」

本を読む過程で、このような漠然とした不安にさいなまれてしまうわけです。
「速読術」のたぐいが次から次へと店頭に並ぶのも、読書スピードの遅さに悩む人が一向に減らないという現状があるからなのでしょう。

しかし、これがなかなか厄介。考えれば考えるほど、どんどんドツボにハマっていくだけなのですから。

そもそも読書スピードが遅いと感じるのは、自分自身のなかに「**理想的な読書スピード**」があるからです。そして、現実的にそこに達していないからストレスを感じるのです。

早い話が、できないことをやろうとするから苦しくなってしまうのです。

速読のプレッシャーから逃れる

なぜだか僕たちは、「**本は速く読まなくてはならないもの**」だと思い込んでいるところがあり、しかも現実的に、そこに疑問を感じることもあまりないのではないでしょうか？

でも、結局のところそれは思い過ごしでしかないのです。

現実的に、**速く読むことには限界がある**のです。それは当たり前のことであり、悩む必要もありません。なぜなら、自分のペースというものがあるからです。

自分のペースは、ある種の限界点でもあります。だとすれば、そこを超えることは困難です。そうそう簡単には超えられませんし、だから結局はモヤモヤとした思いを抱えたまま、いつまでたっても悩みを解消できないということになってしまうのです。

でも、ここで考えなおしてみましょう。

そもそもの目的は、「速く読む」ことではないはずです。

2章で述べたように、その本を読むことによって、自分のなかに価値のあるかけらを残すことこそが重要なのですから。

それでも、できるだけ効率的に読みたい場合のために、「フロー・リーディング」という手法も考案しました。

詳しくは前著を参考にしてほしいのですが、熟読して内容をやみくもにストックする（ため込む）のではなく、頭のなかをフローさせる（流す）という、いわば無理のない流し読みのことです。

この場合でも同じことで、その内容を頭のなかに「流して」いるだけだと思っていても、自分にとって必要な部分はストックできているものなのです。

ただ流し聴きしていただけのつもりだった音楽が、意識的に覚えたつもりもないのに不思議と心に残ることがありますよね。それと同じことです。

そんなふうに、200ページのなかの1行であったとしても、心に張りつくなにかを得ることができたのであれば、その読書は成功したことになるのです。

自分のペースで、なおかつ「1%」をストックしながら読むことができていると実感できれば、それは「納得」につながります。

そして、そこまで思い至ることができれば、読書スピードがどうこうということなどは「悩むまでもない些細な問題」だということがわかるのではないでしょうか。

「興味がない」から幅は広がる

いまの主観から自由になってみる

僕はときどき意識的に、**興味のない本**を読むようにしています。

なんていうと、「ただでさえ読書が進まなくて困っているのに、興味のない本を読む時間なんかあるわけない！」という反論もあるでしょうか。

しかしそれでも、これは決して無駄なことではないとも感じているのです。それどころか、自分の幅を広げることになると考えているくらいです。

なぜなら、〝興味がない〟は、**その時点における自分の主観でしかない**からです。

だとすれば、自分の許容量は自分が思っている以上に大きい可能性もあるということとになります。つまり、**自分の興味に引っかからないものをあえて読んでみると**、そこから自分の好奇心の容積が広がっていく可能性があるわけです。

書店に行ったときのことを想像してみてください。

店内に足を踏み入れたと同時に、(たとえ無意識であろうとも)まず最初に向かうのは、当然ではありますが、興味のある本のコーナーであるはずです。

むしろ、興味のあるコーナーしか見ないということもあると思います。

それは、たとえば「自分が関心を持っているのはビジネス書と自己啓発書なのだ」という思い込みがあるからにほかなりません。

つまり、問題はここ。

「ビジネス書と自己啓発書にしか興味がない」と考えるのは、大げさにいえば、まだそれしか知らないからです。それ以外を受け入れないということではなく、**いまはまだ知らない領域**というだけのこと。本来は、それ以外に興味や好奇心と合致するものがあったとしても、まったくおかしくはないのです。

にもかかわらず、いまある知識や感覚だけですべてを判断しようとしてしまうので、いつまでたっても「**そこから先**」へ行くことができないわけです。

でも、それはもったいない話です。

もちろん、「ビジネス書と自己啓発書だけしか読まない」という価値観のなかだけでも、十分に満足して生きてはいけるでしょう。でも、自発的に好奇心の幅を広げてみることで人文書やノンフィクションにも出会えたとしたら、自分のなかの許容量が増えることになります。

そうでなくとも、新たな好奇心が芽生えれば、読書がさらに楽しくなります。

「つまらない本」が、自分をたしかなものにする

あるいは、試しに読んでみた「興味のない本」が、**予想以上につまらなかった**としますす。普通に考えれば、それを読んだことは時間の無駄として扱われるのでしょう。

でも、別の角度からとらえてみれば、**必ずしも無駄ではない**のです。

そのとき、「どうしてつまらなかったんだろう？」と考えてみると、原因として浮かび上がるのは次のようなことだと思います。

1　著者の問題（表現力、センス、文章力など）

2　相性の問題（著者との価値観、考え方の違い）

3　興味の問題（自分の興味の対象とは異なる、というようなこと）

1と2に関しては、まぁ仕方のないことだと思います。好きになれない表現などは誰にでもありますし、先に触れたように相性の問題も決して無視することはできないからです。

しかし、3についてはどうでしょう？

これは、気づきを与えてくれるものです。「**興味がない**」**ということがわかる**からです。

「そうか、自分はこういうものに興味が持てないんだな」

そう感じることができれば、そこから「なぜ興味がないんだろう？」という方向に思考を持っていくことができます。

するとそこから、

「どこが好きになれなかったんだろう？」

「だったら、どんなものになら興味が持てる？」

など、いろいろ考えることが可能です。

「興味のない本」に背を向けていたとすれば、それはいつまでも同じサークルのなかにいるようなもの。つまり、どれだけの時間を過ごしたとしても興味の幅が広がっていかないわけです。

でも、こうして向き合ってみれば、自分の嗜好や思考を再確認することが可能になります。しかも、そこから新たな方向性を探し出すことだってできるかもしれません。

つまり、**肯定できたとしても、できなかったとしても、肥やしになる**ということ。「興味のない本」を読むことには、なかなかあなどれない価値があるのです。

108円からはじめる「未知の体験」

では、「興味のない本」はどこで探せばいいのでしょうか?

僕がよく利用しているのは、ブックオフのような**新古書店の108円文庫本コーナー**です。

ご存知の方も多いでしょうが、ああいうお店の108円コーナーには、人気作家の作品がずらりと並んでいます。

「人気作家だというだけの理由で読むのもなぁ」というようなヒネクレた感覚も理解できますし、そういうことを意識する以前に、「自分とは関係のないもの」として目を向けもしない場合だってあるでしょう。

しかし、そんなときに気持ちを切り替えてみると、ちょっと新鮮な感覚を味わうことが可能になるのです。

「○○○○のコーナーか。人気作家だけあって、ものすごい冊数だな。でも興味ないし、別にどうでもいいや」

ここまでが、普通の思考です。でも、そこからあえて踏み込んでみる。

「でも僕は、どうして○○○○に興味がないんだろう?」

これがポイントです。

単純な疑問を持つことが大切で、そこから「試しに読んでみたら、なにかわかるかもしれない」という方向へ気持ちを持っていくのです。

「どうして○○○○に興味がないんだろう?」と思ったら、難しいことは考えず、「ちょっと読んでみるか」とシンプルに考えてとりあえず一冊買ってみればいいのです。

その結果、大外れだったとしても、わずか108円を失うだけです。それに経験的にいうと、**たいていの場合はそれがいい方向に進みます。**

「どうでもいいと思っていたけど、読んでみたら意外におもしろかった」

「ハマることはないかもしれないけど、売れている理由は理解できた」

などなど、いろいろなことに気づくことができるわけです。


すなわち、**視野が広がる**ということ。

非常に重要なポイントは、そうやって未知の体験をしてみることによって、心に余裕が持てるようになることです。

「○○○○は売れ線の流行作家だからダサい」というような説得力ゼロの偏見が消え、ひとつの根拠に置き換えられるのです。


だからこそ、みなさんにも「興味のない本」をぜひ手にとってみていただきたいと思います。

「**あ〜あ、こんなにダサいもの買っちゃった**」みたいな偏見が、読了後には「**読んでよかった。いろいろ勉強になった**」という方向に変化するときの心地よさは、なかなかクセになります。

最適な読書環境のつくり方

書斎＋大きな本棚は必須ではない

世の中で「読書家」といわれている人たちの書斎が、雑誌などで紹介されることがあります。そして、それらを確認する限り、読書家といわれる人の書斎にはひとつの共通項があります。

当たり前といえば当たり前なのですが、「**本であふれている**」ということ。

壁一面を覆う書棚に本がびっちりと並んでいたり、家全体が書庫になっていたり、デスクに本の山ができていたり、あるいは床も山脈状態になっていたり。

あたかも「**読書家は本に囲まれていなければならない**」というようなパブリックイメージが、少なからず存在するわけです。

きちんと整理の行き届いている人であったとしても、本のジャングルで暮らしているような人だったとしても、それは同じ。

でも、イメージはイメージであり、真に受ける必要はないのです。

たしかに、雑誌で人の書斎や書棚を眺めるのは楽しいことです。

「いつか自分も、こんな書斎が持てたらいいな」という思いは、読書のモチベーションを高める可能性もあるでしょう。

ただし、そこにまどわされすぎてはいけないと思います。

大きな書斎や豊富な書棚があることは、必須項目ではないからです。書庫だらけの家に住めるような人のほうが圧倒的に少ないのですから、それが条件になってしまったら、読書は「あっち側の人たち」だけが独占できる権利になってしまいます。

でも、実際にはそんなことはどうだっていいのです。

極端な話、手元に本を残しておかなくても、充実した読書生活を送ることは可能です。むしろ、それはこれからの時代に求められるべき新しい読書スタイルだともいえます。

要は、自分だけの読書環境を見つけ出し、構築すればいいのです。

自分だけの「最高の箱庭」をつくる

といっても、別に立派な書斎をつくれといいたいわけではありません。特にそんな必要はないと思います。

提案したいのは、**デスク周辺など読書する場所を、自分にとって理想的な箱庭状態にしてしまうこと。**

どんな人にとっても、「ここにいると落ち着く」という場所はきっとあるはず。それは別に、広くなくてもいいのです。

たとえば独身の方であれば、住んでいる部屋のベッドサイドであるとか、家族のいる人なら、デスクひとつぶん程度の限られたスペースとか。

そういう場所を、シンプルに整理するとか、逆にデコレートするとか、いままで以上に心地よく演出し、「最高の箱庭」にしてしまう。日本人は、こういう「**すべてに手が届く快適な空間**」をまとめることが得意なのではないでしょうか？

そしてその結果、「**もう少しここにいたい**」という思いが強くなったとすれば、そこでの読書時間はより快適になるはずです。

繰り返しになりますが、大きな部屋や書棚は、必ずしも必要ではありません。それどころか、狭く限られたスペースのほうがいいかもしれません。そこがお気に入りの空間であれば、不思議な安堵感が得られるものだから。

そこで、そんな気持ちを有効に活用してしまおうということを訴えたいわけです。

僕の書斎スペースです

コラム❸

名著との出会いに「青空文庫」

「学生時代は太宰にハマッちゃってさあ」
「俺は谷崎の、作品としては特に『秘密』が好きだった」
「それ、女装する話だよね？　ヤバくね？」

こんなふうに、日常の会話のなかで古典や歴史的名作の話題が出ることがあります。でも、じつは読んだことがなく、曖昧な笑いを浮かべることしかできず……なんてこと、誰でも一度はあるのではないでしょうか？

しかし、ご安心を。いまの時代、本を読む方法はいろいろあります。特に古いものに関しては、わざわざ高いお金を出して新刊を買わなくたって、新古書で済ませるという方法もあります。新古書を買うことすら嫌だというなら、図書館で借りるという手段も考えられるでしょう。

それに、インターネットが普及した時代です。お金をかけず名作に親しむ方法は、他にもたくさんあるのです。

そんななか、僕が特におすすめしたいのが「青空文庫」というサービスです。それはどんなものなのか、サイトからそのコンセプトを引用してみましょう。

青空文庫は、誰にでもアクセスできる自由な電子本を、図書館のようにインターネット上に集めようとする活動です。

著作権の消滅した作品と、「自由に読んでもらってかまわない」とされたものを、テキストとXHTML（一部はHTML）形式に電子化した上で揃えています。

作品ファイルは、縦組みを意識した統一した形式でまとめてあります。いろいろな方が開発してくれた青空文庫対応の表示ソフトを利用すれば、本のページをめくるように、作品を読んでいけます。

多くの人に、快適に作品を味わい、自由にファイルを使ってもらうことは、この場を整えている私たちの願いです。

どうか青空文庫を、活用してください。

（「青空文庫早わかり」より）

早い話が、著作権の切れた旧作や著作権フリーの作品を自分たちで集め、編集し、無料で提供しているのです。しかも夏目漱石、太宰治などの大御所からマイナーな作家までが豊富に揃っているので、ラインナップをチェックしてみるだけでも新鮮。たとえば僕はこのサービスを通じ、1930年代のコメディアン、古川ロッパのエッセイの素晴らしさを知りました。

つまり、本書で強調している「視野を広げる」という目的を実現するためには、とても便利なサービスなのです。サイトだけでなくアプリもあるので、スマホでも利用可能。

「こんな小説があったのか」

「こんな作家がいたのか」

と好奇心を羽ばたかせることができ、読書意欲を高めることもできるはず。ぜひチェックしてみてください。

4章

自分にとっての「よい読書」を手に入れよう

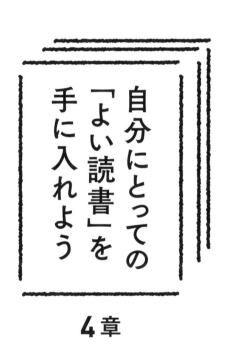

「前向き読書」で自分をのばす

ムダなく進んでいくための考え方

さて、本書ではここまで、本との新たな関係の築き方や、快適に読み進めるためのメソッドについてご説明してきました。

この章は、いわばゴール。自分にとっての「**よい読書**」を手に入れるということについてお話ししたいと思います。

いまさらですが、どうして前向きな読書は大切なのでしょうか?

ある意味で、これは愚問ですよね。なぜって、改めていうまでもなく、答えはあまりにシンプルなのですから。

簡単に表現してしまうと、「**ポジティブになれるから**」。これに尽きるわけです。

読書に限ったことではなく、対象がなんであれ、否定的思考はプラス材料を生みません。それは「進まなくちゃ」と思いながらも後ろを向き続けているような、とてもムダの多い状態です。

一方、気持ちが前向きになりさえすれば、そこには多くのメリットが生まれることになります。前向きさは心地よさにつながるものだからです。

いわば読書を前向きにとらえることができるようになれば、そこからさまざまなメリットが生まれるのは当然なのです。

その大きなメリットが、次の7つです。

ポジティブな姿勢の7つのメリット

1　本を読むことを「おもしろい」「楽しい」と感じる

当たり前のことだといわれれば、たしかにそのとおり。

しかし読書を「**おもしろい**」「**楽しい**」と感じることができるか否かは、本当の読書習慣をつけるうえでとても重要な問題でもあります。

この段階でそう思えないとしたら、場合によっては読書そのものを否定することに、つまりは「**読書ってつまらない**」という思いにつながりかねないからです。

それは小説であったとしても、ビジネス書であったとしても、自己啓発書であったとしても同じことです。

「本を読む」という行為にはさまざまな目的があって、そのどれもが間違いではないと思います。

わかりやすい例でいうと、流行《はや》っているものを「みんなの話についていくために読む」ということであっても、自分が納得できていればそれは立派な目的になるのです。

ただ、ひとつ注意点があります。それは「**知識を得るため**」というよくある目的。

読書をする際、その本のなかから、自分が知らなかったなんらかの情報や知識を身につけることを期待するのは当然の話です。

ところが「知識を得よう」という気持ちは、往々にして行きすぎてしまいがちなのです。ともすると、**「なにも得られなかったらモトが取れない」**というような発想に進んでしまいがちだということ。

特に、その本が自分で買ったものであったとしたら、なおさら。実際にお金を払っているわけですから、その金額に相当する満足感を求めたいという気持ちを抱いても無理はないのです。

「モトを取りたい」という方向に気持ちが進みすぎてしまうと、「本の内容を吸収しなければ！」という思いに比重が傾いてしまいます。そのため、結局は読書が負担になってしまいかねないのです。

もちろん、「読んで得した」とか「1500円払っただけのものは得られた」という感じかたも間違ってはいませんし、プラス材料になったのであればそれは正解だと思います。

でもそれ以上に「おもしろい」「楽しい」と感じることは、あとあとの読書体験に大きな影響を与えるものです。

2　本そのものが好きになる

「おもしろい」「楽しい」という思いは、**「次の読書」の原動力**となります。簡単にいうと「おもしろい」「楽しい」と感じることは心地よいので、「その心地よさをまた得たい＝読書を続けたい」という思いを強くさせるわけです。

あまり意識する機会こそないかもしれませんが、現実的に、本が好きな人の読書欲求を動かすものはこれだと思います。

さらには、

「次に読む本には、どんなことが書かれているんだろう？」

「次の本には、どれだけハマれるんだろう？」

というような期待感が、「次の読書」への牽引役《けんいん》になってくれるのです。ひとりの小説家の作品に感化されると、その人の他の作品を読んでみたくなったりするものですが、それがまさに、この状態ではないでしょうか？

当たり前すぎるようにも思えるこうした感覚が、読書を続けていくうえでとても大切なのです。

3 自然と知識が増えていく

ついさっき、「『知識を得る』という目的は危険」だと書きました。ですから、ここで知識が増えることをメリットとして挙げることに矛盾を感じる方もいらっしゃるかもしれません。

しかし、知識を「得る」ことと、知識が「増える」ことは根本的な構造が異なります。**「得る」は能動的な行為ですが、「増える」は結果だからです。**

得ようとすると「得る」ことにばかり意識が集中してしまうため、バランスが失われます。

しかし、**「意図していなかったのに、結果的に増えていた」**のであればどうでしょう？　それは「予期せぬこと」ですから、ちょっといい気分になれるのではないでしょうか。

「ハードなトレーニングをするのは嫌だけど、楽にこなせるエクササイズを続けていたら、いつのまにか筋肉がついていた」とか、そんな感覚に近いかもしれません。

「あれ、いつの間にか、こんなことを覚えていた」

「へー、あのことに興味を持ったけど、気がついたらこっちに進んでいた。つまり僕は、こっちに興味があったのか」

というように、予想していなかった新鮮な感情を得られる可能性もあるのです。そして、それが知識となって蓄積されていくわけです。

4　好奇心が広がっていく

好奇心を持つことは、自分の幅を広げるにあたりとても重要なことです。ところが大人になるにつれて、知らず知らずのうちにその大切さを自ら狭めていくことになってしまいがちでもあります。

つまり「**自分の好奇心を刺激するのは、ここからここまで**」というように、過去の経験に基づいて領域を限定してしまうわけです。

理由はいたって簡単で、人生経験を積んだ分だけ「知識」がついているから。そして、その知識の量が中途半端であればあるほど、変なプライドばかりが肥大化していったりもするのです。

たとえば「(知識のある)自分がこんなに幼稚なものを肯定するなんてかっこ悪い」とか、あるいは「これはビギナー向けでしょ」というように、自ら視野を狭めてしまいがちだということです。

その点、大人と対照的なのが子どもです。子どもは無垢《むく》であるぶん、なんにでも興味を持つものだからです。経験値が少なく、「自分はこうだ」と断言できるだけのものを持っておらず、しかも無駄な恥じらいもありませんから、**なんでも吸収してしまえる**のです。

そう考えると、子どものように無垢なとらえ方をし、好奇心の幅を広げることの重要性がわかるのではないかと思います。

「かっこいいか悪いか」なんて余計なことを考えず、真っ白な気持ちで受け入れてみればいいということです。結果的に、知識の幅はそこから、自分が予想していなかったほど広がる可能性があるのですから。

けれども、知識によってそれらを拒否してしまったら、そのぶん得る（かもしれない）ものが少なくなっていきます。

それは、どう考えてももったいないことです。

人から見てどうかではなく、自分の尺度でなにかを感じることができたのであれば、なんであっても受け入れ、読んでみるべきです。そうすれば、そこから好奇心の幅が広がっていき、読書の可能性もさらに大きくなっていくからです。

5 探究心が生まれ続けていく

新たな好奇心を刺激されると、必然的に「知らないこと」も増えていきます。知らないことが増えると、それについて知りたくなります。それまでにはなかった新たな探究心が生まれるということで、それもまた、前向きな読書のメリットだといえるでしょう。

また探究心には、その時点だけで終わらないという「**加算メリット**」もあります。○○を突き詰めた時点で、今度はそれに関連した△△についての探究心が芽生えてきたりするものなのです。さらにはそれが、□□についての探究心に火をつけたりもするかもしれません。

そうやって、どんどん続いていく。いってみれば、終わりがないわけです。そして結果的に（しかも気づかないうちに）、自分のなかの知識の幅が大きく広がっていくのですから、これは見逃せないポイントだといえるはずです。

6　物事を素直に見られるようになる

先に触れた「知識からくるプライド」がまさにそうであるように、大人になる（情報量が増える）と、素直にものを見ることが難しくなります。心のなかでは「いいな」と思っていたとしても、それを認めたり、公言したりすることに恥ずかしさを感じてしまったりするわけです。

しかし、そんな状況であえて、「その本は自分の好みじゃないから」と目の前で遮断してしまうのではなく、まずは受け入れてみる。それが大切。そうすれば、そこから視野が広がっていくかもしれないのです。

もしも広がったとしたら、それは、いままでの自分になかったものが身についたということ。多かれ少なかれ自信もつきます。そうやって、次もまた別のものを受け入れてみれば、さらにまたもうひとつ自信がついていくことになるでしょう。

「塵も積もれば山となる」ではありませんが、そうやって蓄積されていった自信は、自分にとっての大きな力になるはずです。そして、それが精神的な余裕を生むことにもなります。

いわば肩肘を張り続ける必要がなくなるので、**素直にフラットに、広い視野で物事を見られるようになる**のです。人間としての余裕にもつながっていくだけに、これはとても意味のあることだと思います。

また、そうやって余裕がどんどん蓄積されていけば、「知らないことをもっと知りたい」という思いはさらに強くなっていくはず。だから段階を踏むごとに、どんどん読書も楽しく有意義なものになっていくのです。

7　さまざまな意味で能動的になれる

なにかを受動的に「**するしかない**」状態のとき、そこにあるのはあきらめにも似た気持ちではないでしょうか？

「確固たるなにかが自分のなかにあるわけではないから、提示されたものを受け入れるしかない」というような、とても消極的な状態。

主体的ではない読書についても、同じことがいえます。それは「読みたいから」読むのではなく、「**読めといわれたから**」あるいは「**読まなきゃならないから**」読むというような状態。

だとすれば、前向きな気持ちになれなかったとしても無理はありません。また、そんな読書がおもしろいはずもありません。

でも、これまで述べてきたような読書経験を重ねていくと、やがてそんな消極的な状態から抜け出していけるはずです。

先に触れたように、知識が増えていくのに伴って好奇心や精神的余裕などもまた蓄積されていくため、**知らず知らずのうちに主体的になっていける**のです。

「一本の線」としての読書経験を楽しむ

もちろん他にも多くのメリットがあるでしょうが、この7つは特に重要な意味を持っていると思います。

つまり読書はその場限りの義務や仕事ではなく、**〝線〟としてつながっている人生**

経験なのです。

とはいえ決して、「人生経験なのだから、心して読書しなくてはいけない」なんてことをいいたいわけではありません。何度も書いているとおり、そんな押しつけはナンセンスなのですから。

ただ純粋に、**人生経験としての読書は楽しく、快適で、心地よい**のです。読書する際に意識すべきことがあるとすれば、そうした感情です。

知識を身につけるための読書があってもいいけれど、必ずしも知識を身につけることを意識しなくてもいいのです。

だいいち知識は、放っておいても勝手についてくるものです。

だとしたらなおさら、難しいことを考えず、ただ読書を楽しめばいいのです。

「**すごい読書**」と「**だめな読書**」があるわけではありません。

あるのは「**楽しい読書**」と「**楽しくない読書**」、それだけです。

そして、もし「楽しくない読書」の弊害を受けているのであれば、すぐにそれを捨てるべきです。

「楽しくない読書」も習慣ですから、捨てるのは難しいと感じるかもしれません。しかし、そんなものにはきっぱり見切りをつけたほうがいい。そして、本を読むときには「楽しい読書」のこと——いかに楽しむか——だけを考えればいいのです。

そうすれば、あとから自然に結果はついてくるのですから。

世論にまどわされすぎない

「読書時間が減った！」問題

ところで、『遅読家のための読書術』を出した直後に受けたインタビューで、ひとりのインタビュアーからこんな質問を受けたことがあります。

「ある調査で、**現在の大学生の〇〇％は年間〇冊しか本を読んでいない**というデータが出ました。そのことについて、どうお考えですか？」

たしかに、そのとおりなんだろうなと思いました。実際のところ、意識していなかったとしても、そのような報道はいやというほど目に飛び込んできます。インターネットで検索してみても、「**本を読む人が減った**」ことを証明するデータのたぐいはいくらでも見つけることができます。

しかしそれでも、僕はこういう**否定的な表現によって、本についての話をまとめてしまいたくない**のです。

過去と比較して、読書人口が減っていることは間違いないのでしょう。

しかしそうでなくとも、「読む人が減った。由々しき問題である」というふうにまとめれば、主張としてなんとなく格好はつくものです。

でも、「大切なのはそこではない」と思えてならないのです。

いまから書くのは、数字とかデータを抜きにした考え方です。

書店に足を運んでみれば、そこには熱心に本を探す、あるいは手に取って眺めている人の姿を見ることができるでしょう。少なくとも、規模の大きな書店が閑散としているという光景は、実際のところあまり見ないはずです。

図書館や、ブックオフのような新古書店についても同じです。

つまり、本に関心を持っている人は**いる**のです。数字の問題ではなく、確実にいるのです。

だとすれば、「読まない売れない」と否定的に騒ぐより、読む人たちの可能性に目を向けたほうがよほど生産的なのではないでしょうか？

ネガティブなムードからはなにも生まれない

それに過去を振り返ってみれば、「若いヤツは本を読まない」というような意見は、団塊の世代が学生だった時代からありました。僕より15歳くらい上の人たちですが、彼らがあのころ、「最近の大学生はマンガばっかり読んで、本を全然読まない」といわれていたことはよく覚えています。

要するに**「読まない人が増えた」のは、いまにはじまったことではない**のです。

「その時代とはケタが違うよ」という意見もごもっともです。しかし、具体的な数字はともかく、そういうツッコミが数十年前からあったことは事実なのです。

もちろん、読書人口が増えているわけではないでしょう。残念ながら、それは間違いありません。だから「本が売れない」のですから。

しかし、だからといって「読書人口が著しく減っている」というネガティブなムードばかりつくってしまったら、これから「読もう」と思う人が増えていくはずもないと思うのです。

それは、ここまで読書のメリットについてたくさんご紹介してきた身としては、とてももったいない話だと思えてなりません。

自分なりの本との関係を築く

あるいは、読者個人の問題として考えると、もっと単純な話かもしれません。つまり、世間がどう騒ぎたてようが、そんな雰囲気にまどわされる必要はないということ。

僕たち読者は、**個人として、読みたいときに読みたいものを、読みたいだけ読めばいい**のです。

それが、自分にとっての読書なのですから。

さて、ちょっと熱くなり過ぎてしまいましたので、このあたりで先ほどのインタビューの話に戻りましょう。

「最近の若者は本を読まない」的な議論には以前から抵抗を感じていたこともあり、その質問を投げかけられたとき、僕はこう答えました。

「たしかにそういうデータが出ているのかもしれませんし、それはきっと事実なのでしょう。でも、だからといって、それを憂うこと自体にはあまり意味があると思えないんです。おそらく、そういうところからなにか建設的なものが生まれることはないから」

そしてこの後、いまここに書いたような話をしたわけです。

そもそも「大学生の○○％は年間○冊しか本を読んでいないから嘆かわしい」という論調自体、状況に対する批評家的な立ち位置にいるように見えて（つまり〝上から目線〟っぽくて）、少なからず違和感があります。

だからこそ、単にトピックとして状況を大きく取り上げようとすることを、僕は「いやだな」と感じてしまうのです。

それよりも、もっと「読者はどんなことを考えていて、どんなことを求めているのか」というところに寄り添うべきだと思います。なんて書くと、ちょっとかっこよすぎる感じがしますが、本当に。

断言しますが、「いま、こうだから本は売れないんだ」と、〝売れない理由〟〝読まれない理由〟を声高に論じることが必要なのではありません。そんなことは、やりたい人だけがなんらかのスモール・サークルでやっていればいいのです。

大切なのは、「**自分の読書を大切にする**」こと。思いっきり極論をいえば、100人のうち99人が本を読んでいなかったとしても、残り1%である自分にとって読書が大切なら、その読書には確実な意味があるということです。

読書はひとつの「ライフスタイル」

選曲をするように本を選ぼう

デジタルオーディオプレーヤーやスマホのなかに、自分の好きな曲だけを厳選した「**ソングリスト**」をつくって楽しんでいる方は少なくないと思います。いまやそれは、音楽の一般的な聴き方ですからね。

ソングリストで音楽を楽しむことの魅力は、いうまでもなく、なんの制限も決まりごともないこと。自分のために選ぶのですから当然の話です。

「この曲のあとにこの曲が来るのはおかしい」「この流れは邪道だ」というような、偏屈な音楽評論家のような規則に縛られる必要はないわけです。

だからこそ多くの方は、あまりジャンルにこだわることなく、「**好きだから**」**という理由**を軸として選曲しているのではないでしょうか。

それでいいのです。いや、それがいいのです。

いわばそれは、「**自分のためのキュレーション**」です。

なにに縛られることもなく、自分のためだけに、しかも楽な気持ちで選曲できるのですから、そうやって音楽を自由に楽しめるとは本当にいい時代だなと思います。

本来、音楽は自分のために聴くものなのですから、好きなように選曲して好きなように楽しめばいい。それだけなのです。そうすれば、やがてそこから新たな音楽へと進んでいく道が見つかるのですから。

と、ここまでお読みになって感じたことはありませんか？　そう、同じことが読書にもぴったり当てはまるのです。

先にも触れてきたとおり、読書にはハードルが多いのです。

ただでさえ、多くの人は読書に関してなんらかのコンプレックスを持っています。にもかかわらず、そこに「こう読まなくてはいけない」というような強制が加わるとすれば、読む気が失せても仕方がない話です。

けれど、そんな状況がもったいないということは火を見るより明らか。もっと楽に考えればいいということです。

そして、まずは音楽のプレイリストと同様に、本も、**選曲をするような感覚でカジュアルに選んでしまえばいい**というわけです。

「言葉にできない」漠然とした感覚も大切にしていい

と、ここまで書いて思いついたのですが、試しに、本の魅力を羅列してみましょう（あえて、思いつき重視です）。

・ストーリーや内容にワクワクする
・ためになる（気がする）
・得した気分になる
・ワクワクする
・興奮する
・読み終えたあと、充実感がある
・達成感もある
・読むほどに、説明しづらい自信がつく（ような気がする）
・装丁を美しいと感じる
・ページをめくる指の感覚が心地よい
・紙の匂いがいい

書き終えてから気づいたのですが、これらはすべて、ここまでに何度も書いてきた「**自分のためのこと**」そのものですね。でも、自分のための読書なのですから、それでいいのです。

たとえば小学生のころ、ハードカバーの児童書（エンデの『はてしない物語』とか）を買ってもらって、なんとなく他の本よりも立派な感じがするものだから、「この本は大切にしよう」と感じたような経験はないでしょうか？

あるとすれば、そこには内容への期待感や、あるいは本そのものの質感でもいいのですけれど、なにか、いいようのない心地よさがあったはずです。

つまり、それこそが本との接し方の本質なのです。

言葉にしづらいそうした感情が、読書意欲へとつながっていくということです。

「その本から具体的にどんなことを吸収したか」というような問題も、もちろん大切ではあるでしょう。

でも、それ以上に重要なのは、（その本と出会えて）「**なんとなく気分がよくなった**」というような感覚です。それは、漠然としたものであったとしてもまったく問題ないのです。

まず、それがあって、「吸収する」「得る」というようなことはその後に来るべきだということです。

「読む自由」を満喫しよう！

「でも、子どものころはそうかもしれないけど、大人になったいまは違うよね」

そう感じるとしたら、僕は反論します。子どもであろうが大人であろうが、目の前にある本が児童書であろうがビジネス書であろうが、ましてや人になんといわれようが、なんらかの理由でその読書を肯定することが重要だからです。楽しむことが重要だからです。

それさえできれば、自分にとっては絶対的に正しい読書なのです。

実際問題、この部分に焦点が当てられることは極めて少ないのですが、そもそも読書とはそういうものではないでしょうか？

にもかかわらず、人は「〜でなくてはいけない」というような考え方をもとに読書のスタイルを定型化し、読書する人をパズルのようにそこに当てはめようとします。

だから、結果的に読書は窮屈でつらいものになってしまうのです。

でも、そもそも僕らにしばられなくてはならない理由はありません。そして代わりに、「**好きなように読んでよい**」という自由があるのです。

気合いを入れて本を読むのはやめる

何度も繰り返し書いてきましたが、読書はなにかと仰々しくとらえられがちです。しかし、本来それは**楽しむべきもの**。僕たちはそろそろ、そんな原点に立ち戻るべきだと強く感じています。

そうでないと、いつまでたっても「**読書＝難解なもの**」という厄介な思い込みから逃れることができないから。それが、読書に対する純粋な気持ちを阻害してしまうからです。

しかしそれは時間の無駄ですし、人生というスパンで考えてみても実にもったいないこと。

そのため、1日でも早くまっさらな状態に立ち戻るべきだと思うのです。

ですからまず、意識を変えてみることを提案します。

目的はいうまでもなく、**読書に対する偏ったイメージを取り払う**こと。そうすれば、読書のハードルはずっと低くなるはずだからです。

とはいっても、別に大層なことをしようというわけではありません。ほんの少しだけ、気持ちを引き戻してみればいいのです。たったそれだけのことで、本は、そして読書は身近なものになるはずです。

読書を幸せな習慣にする

ところでみなさんは、毎日何気なくどんなことを習慣にしているでしょうか？　それらが、どれだけ気持ちを穏やかにしてくれているでしょうか？

小さなことについて考えてみてください。

たとえばコーヒーを淹れて、朝の10分間だけ頭のなかをまっさらにするとか。ついでにお気に入りの音楽をかけてみるのもいいかもしれませんが、そんな自分だけの時間は、きっと心を落ち着かせてくれることでしょう。

そういう意味では実質的に、その**10分間は10分以上の価値を持つ**ことになります。

また毎日の習慣以外にも、きっとそれぞれに「自分にとって心地よい時間の使い方」があるはずです。

たとえば、僕は以前、ある日訪れた現代美術の展覧会がとても気に入ってしまい、その美術館に4時間くらい居座ったことがあります。

おかげでリフレッシュできて帰宅後は仕事が進みましたし、それはそれで有効な時間の使い方だったと思っています。

広告代理店時代にはときどき、仕事場があった青山から荻窪の自宅まで、バスを3台乗り継いで帰ったりもしました。

電車利用の数倍は時間がかかるわけですが、バスが好きなので気分転換できるのです。窓の外を眺めながらいろんなことを考えていると、頭がスッキリしてきて、ただデスクに向かっているだけでは解決できなかった問題をクリアすることができたりもしました。

自分のために時間を使うと、たとえそれが人の目には無駄にしか映らなかったとしても、そこには絶対的な価値が生まれます。

ライフスタイルのなかにそうした〝**自分だけの大切ななにか**〟があれば、しかも、そのバリエーションが多ければ多いほど、日々の暮らしはより豊かなものになるのではないでしょうか。

余計な話がちょっと長くなってしまいましたが、つまりは読書をもそのバリエーションのなかに加えれば、ライフスタイルはさらに意義あるものになるということをお伝えしたかったわけです。

なによりもまず大切なことは、読書をしている「**その時間**」**を心地よく感じること、楽しむこと**。

好きな音楽を聴きながらコーヒーを味わうのと同じように、美術館で作品を楽しむのと同じように、ライフスタイルのなかのひとつの要素として読書を活用すればいいのです。

なぜなら、読書は必ずしも「**直接的な勉強**」だとは限らないからです。具体的なにかを生み出すわけではない「心地よさ」も「楽しさ」も、れっきとした読書の価値なのです。

「直接的な勉強」にしばられない

なお、いま、あえて「直接的な勉強」と書いたことには理由があります。

すぐに知識を得ることができたとか、具体的な答えにたどり着いたとか、そういう**直接的ななにかに直結しない勉強**も存在するはずだからです。

いまは答えのようなものには結びつかないとしても、それが数年後になんらかの答えにつながっていくことは往々にしてあるのです。

それを「**人生勉強**」といいかえることもできますが、知らず知らずのうちに積み重なっていったものが、いつか役に立つことはあるのです。

だとすれば、すぐに役立つ直接的なものにはならなかったとしても、その読書には意味があると考えるべきです。

難しく考える前に、ライフスタイルとしての読書を楽しんでみればいいということ。それを趣味、娯楽、あるいは暇つぶしと位置づけたとしても、なんら問題はないと思います。

大切なのは、音楽を聴くように、コーヒーを飲むように、呼吸をするように、その読書を受け入れ、楽しむことなのですから。

コラム❹

毎日一冊以上レビューを書く 書評家の一日

僕は複数のメディアに書評やエッセイを書いていますが、特にウェブの書評は毎日更新されるものが多いので、実質的にほぼ毎日が締め切りです。書き溜めておければいいのでしょうし、なるべくそうするようにしていますが、「1日休む＝1日分のストックが減る」ということですから、気を抜くとすぐにギリギリの状態になってしまうのです。

ですから、毎日「読んでは書き、読んでは書き」を繰り返している状態。基本的にワーカホリックなので、そんなに不満もないのですけれど。

目が覚めるのは6時〜6時半くらい。といっても無理して起きるわけではなく、忙しそうに動く家族の生活音に起こされるような感じ。そのまま起きることもありますが、その前になるべく「起床前の10分間読書」をするようにしています。ベッドから出ず、読みかけの本を10分間だけ読むわけです。目が覚めたばかりだと意外に効率よく読めるし、頭もスッキリして一石二鳥。僕だけなのかもしれませんが、読書効率がいいのです。

ただし、あくまで10分間だけ。あえて「もっと読みたい」という思いを押し殺して起床することで、「読みたい」という思いを持続させやすいからです。

朝食後にコーヒーを飲みつつ新聞を読んだあとは、仕事部屋でPCを立ち上げてメールチェック。その後、寄稿している「ライフハッカー［日本版］」など複数のサイトに目を通してから、その日に書評を書く本を読みます。この時点で、だいたい9時くらい。

その後、読み終えた本の書評を執筆開始。午前中に1本書き終えることを目標にしていますが、午後にかかってしまうことも少なくありません（そんなときはとても悔しい）。一段落したところで、整骨院に行ったり（職業病というべきひどい肩こりなので）、買い物に出たり。書き仕事は恐怖の「座りっぱなし」なので、なるべく体を動かすようにしているのです。それでも運動量が少なすぎると感じているのですが。

で、打ち合わせがある場合を除いて午後もひたすら書き続け、合間合間に本を読むような感じです（疲れたらだらだらとネットサーフィンを続け、後悔することもありますが）。

健康のことを考え、夕方もなるべく外に出るようにしています。やはり、運動不足になりがちなことが大きな問題。

会食などがない限り、夕食の時間はなるべく家族と過ごします。もちろん晩酌も。外で飲むのも好きですが、最近は特に「家飲み」を好むようになってきました。

団欒後はまた仕事部屋に戻りますが、多くの場合、もう執筆は終了です。なぜって、アルコールが入っていますから。ただし本は読めますから、音楽を聴きながら読書をして過ごすことが多いかな。そして、翌日の準備をしたり風呂に入ったりして、寝室に行くのが12時くらい。ベッドでもまた少し本を読み、一日が終了します。

自分でも驚いたのですが、こうやって書いてみると、かなり地味な生活を送っていますね。でも本が好きなので、「読んで、書いて」を中心に置いた生活ができていることは、とても幸せだと感じています。

おわりに

当たり前のことから「積極的読書」への道は拓ける

FMおだわらという放送局で、「印南敦史のキキミミ図書館」という番組を持っています。毎週日曜日の午後6時から、僕がおすすめする本と音楽をご紹介する1時間。2016年の5月にスタートしたので、もうすぐ1年になります(早い!)。

僕はそもそも滑舌がいいわけではないし、トークだって決してうまくはありません。でも、ひとつだけ意識している(そして絶対に曲げるつもりがない)ことがあります。それは、「入り口」に徹するということ。

上のほうから偉そうに論じるのではなく、あくまで「ここに、こういうおもしろいものがありますよ。僕は好きなんですけど、よろしければいかがですか?」というようなスタンスでいたいのです。ちなみに音楽ライターとしても20数年、その姿勢を貫いてきました。

それには理由があります。

知識をひけらかしたり、小難しい理屈を並べてみたところで、なんの意味もないから。そうすることで自己満足感に浸れる人もいるのかもしれませんが、少なくとも僕はそういうことに関心がなくて。

だいいち、それでは「目的」が変わってきてしまいます。目的が「伝える」「紹介する」ことなのであれば、ウンチクを語るのではなく、入り口に徹することがベストだと信じて疑わないのです。

もうおわかりかと思いますが、同じことは本書にもいえます。

いつの時代にも読書術のたぐいが次々と発刊されますが、それはきっと、読書で悩んでいる人がいるからです。つまり送り手から見れば、そこに「受け取ってくれそうな人たち」がいるから、ということになります。

でも、決して他者を非難するという意味ではありませんが、読書で悩んでいる人たちのニーズを理解しているといい切れる読書本は意外と少ない気がするのです。

なぜか？

思うに、それは読者に寄り添っていないからなのではないでしょうか？　もちろん、「速読の方法」などテクニカルなメソッドを求めている方もいらっしゃるでしょう。でも、本当の意味で伝えるべき相手は、そういう人たちとはまた別の場所にいるように思えるわけです。

つまりそれが、本文中で触れた「消極的読者」。

「そりゃ本音をいえば、なんのストレスを感じることもなく、スラスラと本を読めるようになりたいよ。そうなれたら、どんなにいいかと思う。でも、きっかけがつかめない。だいいち、そんなことは恥ずかしくて人に相談できないし……」

というような人たちです。

しかも個人的には、実はそういう人にこそ、いちばん可能性があるような気もしています。一度コツをつかんでしまえば、ぐーんと伸びていきそうだという意味で。また、その結果として、本を買ってみようかなという気持ちになる可能性もゼロとはいえないはずです。

だからこそ、そういう人たちのために役立てたらいいなと考えたわけです。

おわかりのとおり、ここには当たり前のことしか書いていません。それこそが、いちばん大切なことだと信じているからです。それこそが、消極的読者を積極的読者にするための最善の策だと思っているのです。

そこで、自分なりのやり方で——特定の本の内容を書評でお伝えするように、あるいはラジオで語りかけるように、わかりやすくお伝えしたかったわけです。

そんな気持ちでいるからこそ、思いが少しでも伝わり、多少なりとも「本を読んでみようかな」と感じていただけたのだとしたら、それ以上の喜びはありません。そして、もしもそんな気持ちになったとしたら、間違いなく、それは読書の「入り口」だと断言できます。

ぜひ、その扉を押してみてください。重たそうに見えるかもしれませんが、その扉は意外と軽く、力を入れなくても開いてくれるはずです。

なお冒頭の話題に戻りますが、「印南敦史のキキミミ図書館」はサイマルラジオや、スマホのアプリでも聴くことができます。聴いていただけたら、とてもうれしいです。

本書を書くにあたっては、担当編集者の若林沙希氏にたいへんお世話になりました。

2017年2月　　印南敦史

「1%」が残るブックリスト

付録

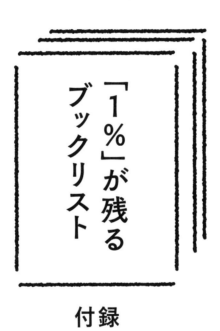

心に響いた本の「1%」が自分の価値観になる

この項では、僕がこれまで読んできた本のなかから、なんらかの理由で「心に残った」ものをチョイスしてみました。なお、選ぶにあたって設定したカテゴリーは、

『ビジネスに役立ちそうだと思った』
『考えるきっかけになった』
『好奇心が広がった』
『理由はないけど好きでたまらない』の4つです。

発行時期を意識せず、これらのどれかにあてはまるものを自由に選んでみたわけです。

つまり、「名作○○選」のように系統的なものではありません。むしろ逆で、意図的にランダムなチョイスにしているわけです。ですから「これがあるのに、あれがないの？」というようなことはあるはずですので、「そういうものなんだ」と気楽に読んでいただければと思います。

なお、すでに絶版になっているものも含まれています。それでも掲載しようと決めた理由のひとつは、絶版になっているとはいえ、僕の心に響いたことは事実だから。そしてもうひとつは、新古書店やAmazonのマーケットプレイスなどを利用すれば入手も可能だからです。

そこで、気になるものを見つけたら、絶版モノにもぜひ手を伸ばしていただければと思います。そのアクションが未知の本と新たに出会うチャンスとなり、結果的に価値観に影響を与えてくれることだって、あるかもしれないのですから。

ビジネスに役立ちそうだと思った　ビジネス

奇跡の職場　新幹線清掃チームの働く誇り

▼新幹線のお掃除おばちゃんたちを
その気にさせたリーダーの考え方

著：矢部輝夫　あさ出版

著者は、国鉄時代から40年以上、電車や乗客の安全対策の専門家として活動してきた人物。数々の実績を積み上げてきたのち、新幹線清掃の会社であるJR東日本テクノハートTESSEIへ異動。従業員の定着率も低く、事故やクレームも多かった環境に放り込まれたのです。注目すべきは、「なんで俺が？」という思いを抱きながらも清掃を担当する現場のおばちゃんたちに寄り添い、共感を得て、現場のモチベーションを高めてみせた点。その結果、日本国内のみならず海外からも取材が殺到する「おもてなし集団」となり、その取り組みはハーバード大学の教材にまでなったのです。そこに至るまでの道筋を明らかにした本書から伝わるのは、「働く」ことの本質です。

ビジネスに役立ちそうだと思った　ビジネス

グレイトフル・デッドに マーケティングを学ぶ

▼伝説のロック・バンドから学ぶ、
現代にも通用するマーケティング手法

著：デイヴィッド・ミーアマン・スコット、ブライアン・ハリガン
日経BP社

60年代にカリフォルニアで結成されたグレイトフル・デッドは、当時のヒッピー・ムーヴメントを代表するロック・バンド。DIY精神を貫き、「コンサート録音自由」「録音テープの交換もOK」などの斬新な姿勢によって熱烈なファン層を獲得してきました。その結果、ヒット・チャートの上位に入るような曲があるわけでもないのに、大きなスタジアムを満員にしてしまうほどの人気を獲得したのです。本書の主張は、そんな彼らのスタンスが、とてもマーケティング的だということ。しかもそのメソッドは、現代のビジネスにも無理なく応用できるものだというユニークな視点を持っているのです。「共感」は、発想あってこそ生まれるということを実感させられます。

ビジネスに役立ちそうだと思った　ビジネス

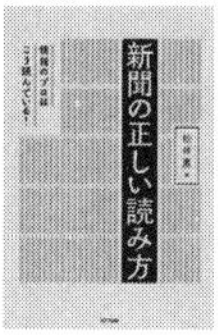

新聞の正しい読み方
情報のプロはこう読んでいる！

著：松林薫　NTT出版

▼人にはなかなか聞きにくい、けれど大切。読み方を知れば世界が広がる

「新聞を読む人が減った」という話はよく聞きますし、発行部数の現象を確認するまでもなく、それはまぎれもない事実です。ただし、だからといって「新聞なんか必要ない」と考えるのは間違い。ネットには存在せず、新聞でしか得られない情報があることも事実だからです。しかも新聞には「読み方」があり、それを知っておけば理解度は大きく変化します。それは、社会をより広い視野で観察する能力を養ってもくれるでしょう。そういう意味で、本書の存在はとても重要だと感じました。新聞各紙の個性の違い、取材の方法、果ては紙面の割付（の意味）まで、なかなか知る機会のない情報が満載されています。つまり、新聞の構造を理解するためには格好の一冊。

ビジネスに役立ちそうだと思った　ビジネス

ロングテール
「売れない商品」を宝の山に変える新戦略

著：クリス・アンダーソン、訳：篠森ゆりこ
ハヤカワ・ノンフィクション文庫

▼インターネットが可能にした、ニッチ商品が売れ続ける仕組み

「ロングテール」とはその名のとおり、インターネットを介したビジネスにおいて可視化できる「長い尾」のこと。商品に関する顧客の利用データをグラフにすると、少しずつ売れ続けている商品が長い尾のような曲線を描き、しかも決してゼロにはならないのです。つまり、爆発的に売れる大ヒット商品が減ってきた一方、ニッチ商品のニーズが高まっている。インターネットの成熟と歩調を合わせるように顕著になってきたそんな動きにこそ、ビジネスの未来が反映されているということです。その考え方はすっかり浸透してきているだけに、もはや鮮度こそないかもしれませんが、基本的な発想には普遍的な説得力があります。

ビジネスに役立ちそうだと思った　ビジネス

インサイドボックス　究極の創造的思考法

著：ドリュー・ボイド、ジェイコブ・ゴールデンバーグ、
訳：池村千秋　文藝春秋

▼▼創造的な思考法は、制約があってこそ生まれるものだという現代的な発想

　画期的なアイデアを生み出したいなら、従来の殻を破ってアウトサイド・ボックス（枠の外）で考えることが大切。従来、ビジネスの世界ではそう考えられてきました。既成概念を壊すことにこそ、価値があると考えられていたという表現もできるでしょう。ところが、本書の著者はその正反対の位置にいるもの。創造的な思考法は、インサイド・ボックス（制約の中）にこそあると主張しているのです。しかし考えてみれば、「制約があってこそイノベーションが生まれる」という発想は、とても理にかなっています。規制に翻弄されないポテンシャルを持っていてこそ、物事は動くわけなのですから。多くの人が意識すべきは、そこなのではないでしょうか？

ビジネスに役立ちそうだと思った　人文

スタンフォードの自分を変える教室

著：ケリー・マクゴニガル、訳：神崎朗子　大和書房

▼▼スタンフォード大学の心理学者が説く、オーソドックスだからこそ響く主張

　著者は、スタンフォード大学の心理学者。人々がストレスと上手につきあい、健康的な選択をするためのサポートをしている経験に基づいて「意志力の科学」という講座を立ち上げたところ、大好評を得ることになったのだそうです。つまり本書は、そのエッセンスを凝縮したもの。科学者としての見地から、自己コントロール能力を高めて自分を変革させる方法を紹介しているのです。目新しく華やかなことが書かれているわけではなく、基本的な考え方はとてもオーソドックス。しかし、それは地に足がついたスタンスを証明するものでもあり、だからこそ説得力が伝わってくるのです。流行のたぐいに左右されることのない、普遍的な良書であるといえます。

ビジネスに役立ちそうだと思った　ビジネス

How Google Works
私たちの働き方とマネジメント

著：エリック・シュミット、ジョナサン・ローゼンバーグ、アラン・イーグル、序文：ラリー・ペイジ、訳：土方奈美　日本経済新聞出版社

グーグル現会長で前CEOのエリック・シュミットと、前プロダクト担当シニア・バイスプレジデントのジョナサン・ローゼンバーグらが、「他とは違ったやり方をする」ことを貫く同社ならではの、ビジネスおよびマネジメントに関する考え方を明かした書籍。その多くは2人が実体験に基づいて身につけたものであるだけに、強固な説得力を感じさせます。特に注目すべきは、「スマート・クリエイティブ」という“新種”の功績が、グーグルのカギとなっているということ。彼らは従来的な意味での知的労働者とは異なり、専門性とビジネススキルと想像力を併せ持っているというのです。そんなことも含め、新たなビジネスが生まれる際のダイナミズムが伝わる内容です。

▼▼イノベーションはいかにして生まれたか、そのダイナミズムを凝縮

考えるきっかけになった　社会

在日中国人33人の
それでも私たちが日本を好きな理由

著：趙 海成、訳：小林さゆり　CCCメディアハウス

北京出身の著者は、80年代に日本に留学し、大学卒業後は在日中国人向け中国語新聞を立ち上げ、初代編集長を10年務めたという人物。現在は日中間を行き来しながらジャーナリストとして活躍しているそうです。本書は、そんなバックグラウンドを軸として、著者が在日中国人たちに話を聞いたインタビュー集。いまの時代は日中関係が最悪だといわれていますが、彼らの誠実で真摯な言葉を確認してみれば、感情的に嫌うだけでなく、フラットな視点を持つことが大切であると実感できるはず。つまりは、民族以前に個々の人間だということ。そんな、忘れがちだけれど当たり前な点を実感できるのです。だからこそ、ひとりでも多くの方に読んでいただきたいと感じました。

▼▼日中関係が緊張する時代だからこそ知るべき、市井の人々の心の内

考えるきっかけになった　社会

物欲なき世界

著：菅付雅信　平凡社

▼▼もう必要ではない「消費」の先にある、これからのライフスタイルのあり方

「疑いもなく消費を続けているけれど、僕たちには、もう欲しいものはないのかもしれない」。そんな思いこそが本書の出発点。そこで、さまざまな人々への緻密な取材を通じ、物欲の先にある「ライフスタイル」を模索しているのです。浮かび上がってくるのは、「カスタムメイド」「3Dプリンター」「リサイクル」「シェアリング」などのキーワード。「なにを持っているか」ではなく、「どう心地よく暮らすか」ということにこそ、新たな可能性があることを示しているといえるでしょう。事実、登場する人たちの言葉からも、無理のない生き方（と、その重要性）を実感できます。当たり前だと思っていたことは本当に当たり前なのか、自問しなおすきっかけとなる一冊です。

考えるきっかけになった　ノンフィクション

誕生日を知らない女の子
虐待——その後の子どもたち

著：黒川祥子　集英社

▼▼虐待の後遺症に苦しむ子どもたちと向き合った、渾身のドキュメンタリー

　ショッキングなタイトルですが、焦点が当てられているのは虐待を受けた子どもたち。著者は、救出されたのち、「育ち直し」の場としてのファミリーホームで虐待の後遺症に苦しみながら生きる子どもたちに寄り添い、さまざまな思いを引き出していきます。痛感せざるを得ないのは、どの子も、本来なら幸せに生きる権利を持って生まれてきたのだということ。なのに傷つけられた子たちは、聞こえない声を聞いたり、引きこもってしまったり、周囲を敵視したりする。その姿に触れると、「悲惨だ」とかいう表現よりもずっと深いところで、心をえぐられるような思いです。読んでいるだけでもつらいのだけれど、それでも読むべきだと強く感じさせてくれる作品です。

考えるきっかけになった　ノンフィクション

「鬼畜」の家　わが子を殺す親たち

著：石井光太　新潮社

▼緻密な取材を重ねることで、わが子を殺す親たちの過去や心理を明かす

児童虐待に関する本が続きますが、僕は（絶対的極論として）「世界中の子どもには幸せになる権利がある」と信じて疑わないので、本作も取り上げずにはいられません。モチーフは、３歳の男の子を放置して死なせた厚木市幼児餓死白骨化事件、産んでは死なせ……を繰り返した下田市嬰児連続殺害事件、次男をウサギ用ケージに監禁して死なせた足立区ウサギ用ケージ監禁虐待死事件。これらの事例から得た僕の思いを端的に表現すれば、「こちらの“常識”だけでは理解しきれない人は残念ながらいる」ということでした。だとすれば僕たちは、「では、それを踏まえたうえで、子どもを救うためになにができるか」を考えるべき。そんなことを実感させられました。

考えるきっかけになった　エッセイ

フランス人は10着しか服を持たない
パリで学んだ“暮らしの質”を高める秘訣

著：ジェニファー・L・スコット、訳：神崎朗子　大和書房

▼カリフォルニア・ガールがフランスで知った、真の意味での豊かな暮らし

「ビーチサンダルとバーベキューに慣れ親しんだカリフォルニアガール」だった著者が、交換留学生として訪れたパリでのホームステイ生活のなかで学んだ「暮らしの秘訣」を紹介したエッセイ。原題は『Lessons from Madame Chic』ですが、この邦題は秀逸。つまり食事、エクササイズ、身だしなみ、暮らし方などについての著者のカルチャーショックを言い表しているわけです。決して肩肘を張っているわけではなく、むしろそのアプローチと表現（そしてリズム感のある翻訳）はカジュアルで軽やか。多くの読者が「自分自身の生活にも取り入れられそうだ」と感じることのできるトピックスばかりなので、無理なく、楽しみながら読み進めることができます。

考えるきっかけになった　ビジネス

勝手に選別される世界

▼▼「便利」だけでは片づけられない、
テクノロジー発展の裏側に潜むリスク

著：マイケル・ファーティック、デビッド・トンプソン、訳：中里京子
ダイヤモンド社

ソーシャルメディアやビッグデータ、クラウド、シェアリングエコノミーなどのテクノロジーおよびサービスは、現代人のライフスタイルを大きく向上させました。僕たちはもはや、その利便性から離れることはできないでしょう。しかし別の角度から見れば、日常生活のすべてが「保管」され、「点数化」され、「機械化」され、「ランクづけ」され、「評判」としてデータ化される世界でもあるということ。それが、本書の主張です。つまりは利便性の裏側に、場合によってはプライバシーをも破壊しかねないリスクが内在しているということ。「便利だ」で終わらせることができない現実がある以上、現代人が読んでおくべき内容なのではないかと感じました。

考えるきっかけになった　ビジネス

嫌われる勇気
自己啓発の源流「アドラー」の教え

▼▼アドラー心理学を、会話形式で
わかりやすく解説した大ヒット作

著：岸見一郎、古賀史健　ダイヤモンド社

フロイト、ユングと並ぶ「心理学の三大巨頭」と評されるアドラーの考え方を、わかりやすく解説したベストセラー。心理学には難解なイメージがつきまといますが、本書の勝因は、それを「哲人」と「青年」との会話形式によって表現している点にあります。会話ならではの読みやすさが、読者の前に立ちはだかるハードルを低くしているわけです。しかもおもしろいのは、青年がアドラーの思想に対する疑問を容赦なく投げかけてくるところ。だから読者は彼に共感しつつ、哲人の答えを受け止めることができるのです。避けられない対人関係を前にして、自分はどう立ち回るべきか？　そこで答えを見出せずにいる人にとって、大きな力になってくれる可能性があります。

考えるきっかけになった　ノンフィクション

生きるための選択　少女は13歳のとき、脱北することを決意して川を渡った

著：パク・ヨンミ、訳：満園真木　辰巳出版

▼▼明かされる機会の少ない北朝鮮の悲惨すぎる現実を、生々しく描写

著者は1993年生まれなので、ここに描かれている光景は90年代から00年代ということになります。しかし読みながら「あ、最近の話だったんだな」と感じてしまったのは、まるで日本の終戦直後のようだから。つまり、それが北朝鮮の（いまもある）状況なのでしょう。死体が放置されている道を歩いて学校に通ったとか、昆虫を食べて空腹を満たしたとか、自分の代わりに母親がレイプされたとか、描かれている「真実」はどれも僕たちの常識を超えています。最大の救いは、彼女がとても聡明であること。13歳で中国に渡り、15歳で韓国に入国。ソウルの東国大学校に入学してからは世界的に人権啓発活動を展開しているという結末があるからこそ、希望を感じさせるのです。

好奇心が広がった　ビジネス

海賊のジレンマ　ユースカルチャーがいかにして新しい資本主義をつくったか

著：マット・メイソン、訳：玉川千絵子 他　フィルムアート社

▼▼レディ・メイドをリメイクして新たな価値を生み出す世界、その可能性

本書が主張するのは、「現代、そしてこれからのイノベーションを先導するのは“海賊”である」という考え方。わかりにくいかもしれませんが、つまり海賊とは既存のメディアを使って新しいものを生み出してしまう手法、および、それらを使いこなす人たち。たとえばヒップホップの音づくりから3Dプリンターまでに共通する、「すでにあるもの」を拝借し、自由な発想のもとで新しいプロダクツにつくり変えてしまう手段を指しているわけです。すべてが出尽くし、もはや本当の意味で「オリジナル」といえるものがない時代において、その考え方はとても進歩的だと感じました。だから強く共感しましたし、ここには現在から続く未来への答えがあるようにも思います。

好奇心が広がった　人文

より少ない生き方
ものを手放して豊かになる

著：ジョシュア・ベッカー、訳：桜田直美　かんき出版

▼▼捨てることによって豊かになる。誤解されがちなミニマリズムの本質を説く

ミニマリズムに関する書籍は何冊も読みましたが、“行き過ぎ感” に少なからず抵抗を感じるものもいくつかありました。そんななか、無理なく自然に受け止めることができたのが本書。著者は、現代のミニマリズム運動を代表する人物。しかし、重要なのは「家具がまったくない部屋で床に座ること」ではなく、「(捨てることによって) 豊かになることなのだ」と主張しているのです。ものの減らし方などを克明に解説しているのはもちろんですが、そうすることによって得られるもの、すなわち精神性に重きを置いているところが最大のポイント。著者自身が悩みながら現在の境地に達したことがわかるからこそ、心地よい読後感が得られるのです。

好奇心が広がった　人文

あなたが世界のためにできるたったひとつのこと　〈効果的な利他主義〉のすすめ

著：ピーター・シンガー、訳：関美和　NHK出版

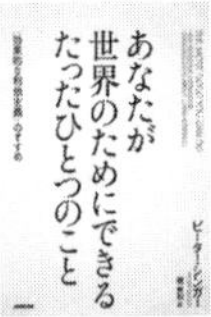

▼▼寄付をする、人のためにいいことをする、それは新たなライフスタイル

決して華やかではなく、むしろ地味な内容。しかしそれでも本書は結果的に、僕のなかで大きな意味を持つことになりました。衝撃的だったのは「利他主義」、つまり人のために「いいこと」をすることを、21世紀の倫理的なライフスタイルだと位置づけている点。恥ずかしながら僕は自分のことで精一杯で、そんなことはあまり考えたことがなかったのですが、ここに登場する利他主義者の生き方に、気持ちを大きく揺さぶられました。質素に暮らし、収入の半分を寄付するようなことが自分にできるかは疑問です。が、「自分がしていることは本当に正しいのだろうか」と悩みながらも寄付を続ける人たちの姿には、理想的な生き方が反映されているようにも思えたのです。

▼天才と呼ばれる人たちは、何時に起き、なにを食べ、なにをしているのか？

好奇心が広がった　人文

天才たちの日課　クリエイティブな人々の必ずしもクリエイティブでない日々

著：メイソン・カリー、訳：金原瑞人、石田文子
フィルムアート社

過去400年間の歴史のなかで「天才」と呼ばれてきた偉人たちは、どのような日常生活を送っていたのか？　そのことについては、誰しもが知りたいところではないでしょうか？　だからこそ、資料をもとに彼らのスケジュールやライフスタイルを調査した本書は楽しみがいがあるのです。登場する161人も、フランシス・ベーコン、フェリーニ、モーツァルト、ベートーヴェン、キルケゴール、マルクス、フロイト、ユング、ヘミングウェイ、村上春樹、スティーヴ・ライヒ、アインシュタイン、アンディ・ウォーホルなどなど実に多彩。しかも明らかになった結果について、一切の感情を加えることなく、淡々と客観的に綴っているので、読者はそれを純粋に楽しめるわけです。

▼大量生産の時代はもう終わった。これから注目されるのはカスタマイズ

好奇心が広がった　ビジネス

カスタマイズ　【特注】をビジネスにする新戦略

著：アンソニー・フリン、エミリー・フリン・ヴェンキャット、
訳：和田美樹　CCCメディアハウス

大量生産の時代はもう終わっていて、これから世の中の主流になるのは「カスタマイズ（特注）」である。しかもその範囲は、食品からファッションまで広範。事実、完全オーダーメイドのビジネスモデルを実践する企業が大きな成功を収めており、もはやそれは非効率なビジネスではない。著者が訴える考え方をまとめるとすれば、そんな感じになります。従来的な感覚でとらえれば大胆にも思えますが、3Dプリンターによってなんでもつくれるようになった時代状況のなかでは、むしろ自然な成り行きだと考えられます。しかも著者自身が「ユーバー」というシリアルバーをオーダーメイドするビジネスを成功させているだけに、強い説得力を感じることができました。

好奇心が広がった　ノンフィクション

アレックス・ヘイリー
プレイボーイ・インタビューズ

編：マレー・フィッシャー　訳：住友進　中央アート出版社

▼▼『ルーツ』作者がとことん切り込んでいく、スリリングなインタビュー集

アレックス・ヘイリーは、70年代後半に『ルーツ』で話題を呼んだ作家。これは彼が60年代前半から晩年の90年代にかけ、雑誌『プレイボーイ』で行なったインタビュー集です。まず圧倒されるのは、その人選。マイルス・デイヴィス、マルコム・X、モハメド・アリ、マーティン・ルーサー・キングJr.など、黒人問題に焦点を絞ったうえで、錚々たる人々にインタビューを試みているのです。たとえば急進派とも見られていたマルコム・Xや、白人至上主義者の極右であるリンカーン・ロックウェルなどに対してさえ、その矛盾をガンガン指摘する姿勢が圧倒的。読んでいるだけで伝わる緊張感には、インタビューの理想的なあり方が反映されているように感じます。

好奇心が広がった　日本語

辞書に載る言葉はどこから探してくるのか？　ワードハンティングの現場から

著：飯間浩明　ディスカヴァー携書

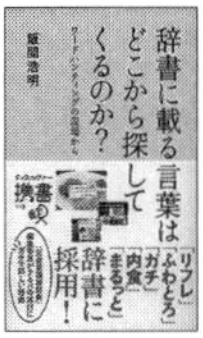

▼▼国語辞典編集委員が明かす、辞書に載せるべき言葉の探し方

著者は、『三省堂国語辞典』編集委員。国語辞典の編纂のため、日常的に現代語の用例を採集しているのだそうです。つまり本書は、辞書に載せるべき言葉を探すために都内各地を歩き回る著者の“言葉紀行”。僕は日本語と心中してもいいと感じているほどの日本語好きなので、新しい言葉を探そうとする著者の姿勢には強く共感できました。「まるっと」とか、個人的には絶対に許せない言葉を認めてもいるのですが、それは見解の相違というものでしょう。辞書が社会に与える影響力の大きさを知るという意味においても、とても意義のある一冊。ゆるく温かい文体も、気持ちを和ませてくれます。

理由はないけど好きでたまらない　文学

くそったれ！少年時代

著：チャールズ・ブコウスキー、訳：中川五郎　河出文庫

▼▼不器用で攻撃的、そして繊細。パンクな作家が残した自伝的小説

ドイツに生まれ、最終的にカリフォルニアに落ち着いたブコウスキー。被虐待経験を持ち、大酒飲みで女性関係にもルーズ。郵便局で働きながら数々の名作を生み出していった人物です。無頼というべき生き方を反映した作品はどれも素晴らしいのですが、特に響いたこちらを。父親から蔑まれ、容貌への劣等感を背負いながら屈折した思春期を送った著者の、自伝的作品。必要以上にカッコつけたりせず、というよりも、そういうスタンスとは正反対。ギラギラとしてときに醜悪な感情をむき出しにしていて、感受性の豊かさ、繊細さが浮き彫りになっています。そして、その不器用さが最高にかっこいいのです。簡潔かつシンプルなので、とても読みやすいところも魅力。

理由はないけど好きでたまらない　文学

青空娘

著：源氏鶏太　ちくま文庫

▼▼知られざる昭和の売れっ子作家が、少女雑誌に連載していた痛快小説

源氏鶏太は、昭和の売れっ子作家。サラリーマンと作家の二足のわらじを履き続け、サラリーマン小説の名手として活躍しました。代表作の『英語屋さん』は直木賞を受賞していますし、映画化・ドラマ化された作品も多数。にもかかわらず著作の大半が現存しないのは、大衆小説家の宿命かもしれません。とはいえおもしろさは絶品。先ごろ復刻された本作は少女雑誌『明星』に掲載されたもので、複雑な環境に生まれた女の子が主人公。人間関係のトラブルに巻き込まれながら、最終的には幸せをつかむというストーリーです。窮地に追い込まれると助けてくれる人が現れ、意地の悪い人は必ず負けるという都合のいい展開（褒め言葉）は、まさに源氏作品の真骨頂。

理由はないけど好きでたまらない　文学

ハイ・フィデリティ

著：ニック・ホーンビィ、訳：森田義信　新潮文庫

▼▼ロンドンでレコード店を営む元ＤＪを主人公にした、屈折感が心地よい小説

イギリスの作家、ニック・ホーンビィには駄作がありませんが、なかでも特に素晴らしいのがこれ。主人公はロンドンで中古レコード店を営む元DJですが、理屈っぽく斜に構えた性格。しかし、その“めんどくささ”がどうにも憎めないのです。なお、本作の魅力を引き立てているのが、訳者の力量。言葉の使い方が絶妙で、音楽的なバックグラウンドもしっかりしているので、安心して読めます。そういう意味で、訳者の価値を再認識させてくれた作品でもありました。ちなみに映画版では、なぜかアメリカのボストンが舞台になっているのですが、この主人公の性格からすると間違った選択だと感じます。彼の気難しさは、どう考えてもロンドンっ子そのものだから。

理由はないけど好きでたまらない　エッセイ

富士日記（上中下）

著：武田百合子　中公文庫

▼▼作家・武田泰淳の妻が、富士山麓での暮らしを淡々と綴った極上の日記

夫である作家・武田泰淳と13年間にわたって過ごした富士山麓での暮らしを、簡潔で読みやすい文体で綴った日記。日常を淡々と描写しているだけなのですが、取り繕おうとするようなところがまったくないからこそ魅力的。情景や人間に対する観察力が素晴らしく、表現も豊か。買ったものの値段や、その日に食べたものの表記を目にしただけでも夫婦の日常が浮かび上がってくるので、読んでいると、こちらまで楽しくなってきます。分厚い上中下巻の3冊構成というかなりのボリュームですが、不思議なくらいスラスラ読めてしまうはず。そして読み終えたころには、特にドラマティックなわけでもない普通の暮らしがいかに大切かということを実感できることでしょう。

理由はないけど好きでたまらない　文学

▼▼"ヒモ"だった過去を持つ著者が、そのドロドロした過去を生々しく描写

ピンプ アイスバーグ・スリムのストリート売春稼業

著：アイスバーグ・スリム　訳：浅尾敦則　DU BOOKS

ピンプとは、娼婦を手なずけ、その稼ぎを巻き上げる"ヒモ"のこと。著者はピンプだった過去を持っている人物なので、つまりこれは自伝的小説です。実体験がベースになっているだけに、ストーリー展開に顕著なリアリティが最大のポイント。読んでいるだけで、踏み入れてはいけない世界に足を踏み入れてしまったような気分になります。そしてもうひとつの魅力は、冷静な情景描写や文章表現。もちろん原著を英文で読まない限り、その本質はつかめないでしょうが、その文学性は翻訳を介してでもはっきりと伝わってくるのです。イリーガルな世界に身を置いてきた人間が、自身の体験を吐露しようとしたこと、そこにも大きな価値があるでしょう。

理由はないけど好きでたまらない　文学

▼▼パンク・カルチャーを通過してきた作家ならではの、異色ファンタジー

ウィーツィ・バット

著：フランチェスカ・リア・ブロック、訳：金原瑞人、小川美紀
東京創元社

ハリウッドに暮らす女の子を主人公にした、とてもわかりやすい物語。これはシリーズの第一弾ですが、軽快なストーリー展開とポップな情景描写がとてもキャッチーなので、全5冊を一気に読めてしまうはず。あえていえばファンタジー系になるのでしょうが、ジャンルを超えた魅力を感じさせてくれます。注目すべきは、著者の人生経験が反映されていること。僕は同年齢なのでよくわかるのですが、明らかにパンク・ロック・カルチャーを通ってきた人なのです。その証拠に、シリーズ後半には実在するLAのパンク・バンド、X（日本のバンドとは無関係）のライブ・シーンも出てきたりします。シリーズすべてを通じ、まるでジェットコースターのようなスリル。

理由はないけど好きでたまらない　文学

一人の男が飛行機から飛び降りる

▼▼エキセントリックでシュールな世界観が貫かれた「超ショートショート」集

著：バリー・ユアグロー　訳：柴田元幸　新潮文庫

バリー・ユアグローは、南アフリカ生まれ、アメリカ育ちの小説家。短い短編小説のことを「ショートショート」と呼びますが、彼の作品は一編が原稿用紙2、3枚程度で終わってしまうので、「超ショートショート」と呼ぶべきかもしれません。しかも、描かれている世界観はとてもエキセントリック。夢のなかに出てくるような光景を、そのまま文字に落とし込んだような雰囲気です。しかも、決して難解ではなく感覚的。もともとのストーリーがストーリーらしくないので、読者は感じたことを、絵を眺めるように受け入れればいいのです。意味がないようにも思えるそんな読書体験が、「また読みたい」という欲求に結びつく。そこに、本作の魅力があるといえます。

理由はないけど好きでたまらない　文学

だれも知らない小さな国

▼▼コロボックルを主人公にした穏やかな物語は、個人的な読書の原点

著：佐藤さとる　講談社文庫

このブックリストのために本を選ぶにあたり、掲載すべきか最後まで悩んだのがこれです。そもそも児童書ですし。でも、それでも外したくないと思ったのは、ある意味で僕の読書の原点がここにあるから。小さな山で暮らすコロボックル＝小人たちの物語。たしか初めて読んだのは小学校の低学年でしたが、たちまち夢中になり、シリーズ全編を一気に読破してしまった記憶がいまも残っています。いまでも、読めば小学校の図書室の光景を思い出すほど。つまりは当時、それほどワクワクしたのです。読書の楽しさって、つまりはそういうこと。そんな思いがあるから、紹介しておきたかったのです。なお本書執筆中に、著者の訃報が届きました。ご冥福をお祈りします。

印南敦史（いんなみ・あつし）

作家、書評家、編集者。株式会社アンビエンス代表取締役。

1962 年東京生まれ。広告代理店勤務時代に音楽ライターとなり、音楽雑誌の編集長を経て独立。

「1 ページ5 分」の超・遅読家だったにもかかわらず、ウェブ媒体「ライフハッカー［日本版］」で書評欄を担当することになって以来、大量の本をすばやく読む方法を発見。以後、驚異的な読書量を実現する。

「Newsweek 日本版」「WANI BOOKOUT」など、ほかのウェブ媒体でも書評欄を担当。雑誌「ダ・ヴィンチ」の連載「七人のブックウォッチャー」にも参加。「THE 21」でも連載。

著書に『遅読家のための読書術 情報洪水でも疲れない「フロー・リーディング」の習慣』（ダイヤモンド社）、『プロ書評家が教える 伝わる文章を書く技術』（KADOKAWA）など多数。

世界一《せかいいち》やさしい読書習慣定着《どくしょしゅうかんていちゃく》メソッド

2017年3月20日　第1刷発行

著　者　印南敦史《いんなみあつし》

発行者　佐藤　靖

発行所　大和《だいわ》書房

東京都文京区関口1-33-4 〒112-0014
電話 03-3203-4511

装丁　石間淳
本文デザイン　荒井千文（ISSHIKI）
イラスト　石川恭子
本文印刷　厚徳社
カバー印刷　歩プロセス
製本所　ナショナル製本

ISBN978-4-479-79579-7
乱丁・落丁本はお取替えいたします
http://www.daiwashobo.co.jp